だれだって、いつもゼロスタート

「ない」が「ある」になる
パフォーマンス心理学

パフォーマンス学博士・心理学博士
日本大学教授
佐藤綾子
Ayako Sato

さくら舎

◆プロローグ
いつだって生き方は変えられる――35年のリアル

自己表現を研究する「パフォーマンス心理学」のパイオニアと呼ばれて36年になります。各地での講演や研修の席で初めて会った参加者と写真を撮ることがあります。そんなとき多くの人がこう言います。

「アヤコ先生、もっと大きな方だと思っていたのに、意外と小さかったのですね、びっくりしました」。

これが一度や二度なら言われたほうも驚きませんが、毎度となると、なぜだろうと気になります。理由を少し聞いてみると、返ってきた答えが共通です。テレビ画面や講演の壇上で見て「パワフルな人だ」という印象が強かったというのです。その印象が「大きな人」という錯覚に結び付いたのでしょう。

実際に会ってからも、この錯覚のたぐいはさらに続きます。

「もともと体力があったのですね」、「環境にも恵まれていたのでしょう」、「ご主人の理解がおありだったのですね」というおおむね三つのご意見です。

残念ながら、その質問は三つともすべて外れています。第一に子どもの頃は身体が弱くて小学校低学年はすべて落ちこぼれ、第二に家庭は絵に描いたような地方の中流、第三に心臓外科医だった夫とは20年結婚していましたが、私の仕事にはいつも反対でした。

結論としては三つともすべて「ないないづくし」からの出発だったのです。体力なし、金力なし、夫のサポートなし、です。

それでは、いつも打ちひしがれていたか？　その答えもノーです。

自分が置かれた場所で、そこをゼロベースとして、なんとかして全力で立ち上がってきました。泣いたこともあるけど絶望はしなかったし、時々はそんな自分をおもしろがってもいました。

もちろん一人だけで切り抜けてきたわけではありません。子ども時代からずっと支えてくれた母がいましたし、大人になってからは友達や仲間もいました。だから、何か問題が起きると、いつも自分の今持っている力を振りしぼりながら、周りのみなさんのお力をお借りして、なんとか解決しようと努力してきました。

そんな中で自然に、新しい難しい状況に置かれるたびにエイヤっと最善の方法をみつけ出して実行する習慣ができました。

英語のことわざに「Custom is a second nature.（習慣は第二の天性）」というものがあります。いつも繰り返していると、いつかその習慣がまるで自分の性質のようになる、という意味のものです。

つまり、毎回難問に直面するたびに実行してきた習慣のせいで、次第に心身がタフになったというわけです。20代、30代の頃にはできなかった大きな仕事や新しい挑戦が、今60代で何とかできているのもそのためでしょう。そのことが、みなさんが実際より私を大きくイメージする原因かもしれません。

では、なぜいつもゼロベースからでも、やりたいことをイキイキとできたのか？　それには、いろいろな悲喜こもごもの笑い話のような工夫の数々がありました。

そんな工夫を1冊の本にしたのが、私のデビュー作で今から35年前の『愛して学んで仕事して——みずみずしい女性にバイナリイ・ライフのすすめ』（グラフ社、１９８１年）でした。

今でも驚いていますが、当時「主婦が初めて書いた本なんて売れるはずがありませんよ」と社長さんに言われた出版だったのに、すぐに女性たちの支持が集まり6刷りになり、後で講談社文庫にもなって合計16万部が売れたのです。幸運に違いありません。

でも、それだけ当時の女性が仕事と結婚や育児のライフイベントを両立させるのに苦労していた、という証拠でもあったといえるでしょう。

今の時代に、わざわざ「仕事とライフイベントを両立させよう」などと言ったら、みなさん笑うでしょう。政府が一億総活躍社会の旗を振り、世の中には育メンパパが常識になっていますから、当時の私の提案は珍しくもなんともないでしょう。

では、本当に今の女性たちは、自分にとっての一番幸せで快適な生き方を選んで気持ちが安定しているのでしょうか?

いいえ、違うでしょう。ＩＴ化の波に乗って素敵な女性やカップルの情報がどんどん目の前に示されます。一方で、旅行社やホテルが「おひとりさまプラン」を売り出したりして、クリスマスの「クリぼっち」が流行語になったり、一人の生き方も充分価値ありと認められています。結果、生き方の選択肢がどんどん増えているのです。

増えているから選ぶのに迷う。しかも、提示された様々な生き方と自分をくらべて自分のもっていない内容に注目します。だからついつぶやくのです。「結婚して子どももいてキャリアも成功しているあの人にくらべたら私は負け組ね」などと。

ここで、私の専門の心理学をちょっとだけもちだしましょう。

人間は人とくらべたら絶対に幸せになれません。価値基準が他者にあるので、他者の価値観が変化するたびに自分の価値観を変えなくてはならない。そのたびに、精神的に不安定になります。多くの人のもっているものをもっていない自分がみじめに感じたりもします。そのことを心理学では「自己肯定感の低下」と呼びます。

くらべなくていい。いいえ、くらべてはいけません。

本書は、あなたが今いる場所で、目の前にある条件を上手に使いながら素敵な人生を摑《つか》み取っていくためのわかりやすいテキストです。

本著の特徴は、片側に心理学の基本的理論を、もう片側にパフォーマンス学の実践的表現技法にもとづいた自分の体験をおいたところにあります。

読者のあなたに身近にこのことを理解していただくために、私が一番よく知っている人、つまり私自身の体験をたくさん入れました。今までどこにも書かなかったことも多く、いささか恥ずかしいですが、少しでもあなたのお役に立つことを心から願っています。

さあ、始めましょう。ゼロベースからでも夢につながる道のりを。

目次

第2章 自分の行く先を探す練習

第3章 人生の主人公は自分

第4章　目の前に限界をつくらない

第5章 限界を知ったときに謙虚になれる

第6章　身体が悩みの答えを知っている

だれだって、いつもゼロスタート

「ない」が「ある」になるパフォーマンス心理学

第1章
「ない」は「ある」への始まり

終わりよければすべてよし

イギリス、劇作家
ウィリアム・シェイクスピア

はじめが悪い条件でも、
感動や幸せに終わったらそれでいいですね。

1 悔しさとみじめさには終わりがある

身近なところで活躍している40代から60代の男性や女性に会うと、意外な共通点が一つあることに気づきます。

今は堂々たる会社の経営者になっていたり、アナウンサーや教師になって人の前で話している人が、「小さな頃の私はシャイで人みしりがはげしかったのですよ」などと言っていることです。

私の友人で新宿の一等地にいくつもの貸しビルをもっているTさんも「最初はお金がまったくなくてみじめだったわ」と言いますし、コンピューターのデバッグ技術を活用して「ハーツユナイテッドグループ」という会社を創業して成功している宮澤栄一《みやざわえいいち》さんも「最初は人間と話すのが大の苦手で、それでパソコンにだけ向かっていればいい仕事を思いついたのですよ」と笑っていますが、今はパワフルによく話します。

私とは長いお付き合いになる、あのジャパネットたかたの創業者の髙田明《たかだあきら》会長も「僕はもともと静かでしゃべりの苦手な子だったのですよ」と言っています。

ｉｐＳ細胞でノーベル生理学・医学賞を受賞した学者の山中伸弥《やまなかしんや》教授も、「臨床の手術を手掛けたら不器用とわかって、このままでは伸びないな、と気づいてやむなく研究に転向したおかげで成功しました」などという具合です。

私たちは、今現在明るくパワフルに活躍している人を見て、「きっとあの人は先天的に賢く、ずっと前から優秀だったのに違いない」と、勝手に想像します。でもその人たちが、実は昔は大変な劣等感を抱えていて、それが、ある日何かのきっかけで突然変わったり、あるいは長年の時間をかけて少しずつ変化した経験をもっている人たちであることが多いのです。

そもそも遺伝学の性格研究でも、「本来もって生まれた遺伝要因は30％、あとは教育やその人自身の毎回の選択による変化が決める」、と言っているのですから。

今では、「相手に何をどう伝えるか」という自己表現研究の専門家といわれている私も、実はその極端な例でした。

「明日の運動会は大雨になってください。雨の神様へ」、「いいなぁ、みんなかけっこができて。学校なんか火事になってしまえばいい」。いずれも私の小学校低学年の頃のいつもの独り言でした。

小学校に入りたての6歳前後、私は相当に病弱な子どもでした。小さな頃から肺炎を繰り返していたので、欠席が多く、当然成績は5段階評価の下から1番か2番目。よくても「ふつう」という意味の3段階目がいくつかあればいいほうです。唯一、「ややよい」という意味の4が取れていたのが国語一つ。体育に至っては1でした。

身体が弱くて学校に行けないのですから、かけっこや鉄棒ができないのは当然のことでしょう。簡単にいえば、小学校低学年は劣等感の塊《かたまり》で、なるべく人の目に触れないように、1日が静かに過ぎていくのを待っていた、暗くて静かな子でした。

ところが、4年生になって、そんな私に大きな転機が訪れました。もうすぐ1学年が終わろうという頃でしょうか。担任の市川茂利《いちかわしげとし》先生は、たっぷりと太って、背広のボタン穴と次のボタン穴の間が直線にならないで曲線になるようなふくよかな体で、黒板にこう書いたのです。「何か1個でよい。人にない力をもて」。

先生にしてみれば、5年生になる子どもたちへのはなむけのつもりだったのでしょう。でも、さあ、ダメです。人にない力を何一つ思い浮かばない私は、机の上の白い紙に向かってうつむいたまま、ぽたりと涙が机に落ちました。すると先生がそばに来て言いました。

「綾子、ニコニコして人に好かれるだけでも力なんだぞ」と。

これには本当にびっくりしました。劣等感とみじめさしかなかった心の中に明るい光が差し込んだようで、ホッとしたというか幸せな気持ちになりました。勉強や体育でがんばるのは無理。だけど、明るい顔なら、なんとかなるかもしれない。思えばこの市川先生の言葉が、その20年後の30代の自分の専門を決める遠因になっていたのかもしれません。

とにかく人に好かれればよい。それにはニコニコして、人とちゃんと話をすることだ。そう腑《ふ》に落ちたら、急に母の言葉が説得力のあるものとして迫《せま》ってきました。

母はいつも私に言っていたのです。「綾子ちゃん、大きくなったら教師か本を書く人になりなさい。自分の思うことを人に聞いてもらうのは素晴らしいことだよ」と。

母は、いわゆる文学少女で、本が大好きでした。でも、終戦後、命からがら引き揚《あ》げた信州の父のふるさとは、すでに長男夫婦が跡《あと》を継《つ》ぎ、三男坊であった私の父は、財産ゼロで安曇野《あづみの》から松本市に引っ越さねばならなかった。そして、私が生まれた。だから、そんな自分の果たせなかった夢を、母は私に重ねていたのでしょう。

それにしてもないないづくし。頭はない、体力はない、家のお金もない。自分の気持ちを伝える表現力もない。

でも、このときの市川先生のくださった「ニコニコして人に好かれるのも力だ」というヒントが、私のみじめさと悔しさにピリオドを打ちました。暗い気持ちからの出口が見つかった気がしたからです。「やったあ!」と心の中で思ったのを今でも覚えています。

今、多くの社会人を教えていてしみじみ思うことですが、私たちが自分について劣等感をもち、それゆえに暗い気持ちになっているときでも、近くでだれかが何かよい脱出口を示してくれたり、楽しいことに誘ってくれたりすることは結構あることなのです。

ただ、本人がかたくなになって「どうせ私なんか」といじけていたら、その助言は耳に入ってこないでしょう。10歳の私は、幸いまだ他の知識も経験もなく、市川先生の言葉を素直に聞く心の柔《やわ》らかさがあったのだと思います。

心理学では「否定的感情」という研究項目があります。その中で「人は否定的感情にとらわれているとき人の話は耳に入らない」という知見があります。劣等感、みじめさ、悔しさなどがこの感情群に入ります。

辛いときに、周りの人に背を向けないで、心をふわりと柔らかにして、耳を傾《かたむ》けてみましょう。素敵なヒントが降ってくるはずです。

②欠点をカバーする「補償」の法則

人間にとって「欠点」とか「劣等感」とは、どんな正体をもつものでしょうか？

小学校時代の市川先生のおかげで「ふつうの人並み」の自信をもてるようになった私に、中学校入学と同時に、さらに決定的な追い風になる出来事が起きました。今では幼稚園から英語の勉強をする子もいますが、50年前の当時の公立中学校では1年生になると同時に、英語の授業が始まるのが一般的でした。

私の「追い風的大事件」はこれだったのです。中学1年生で英語が始まる。しかも担任は高橋章《たかはしあきら》先生という英語の先生。この先生がまた、遠くから見てもうっとりするくらいハンサムでした。その上、かなり変わっていました。

高橋先生は「第2次世界大戦の生き残り」と自分のことを説明していましたが、海軍兵学校出身で、特攻隊の飛行機乗りだったのです。そのときの事故で片耳が少し聞こえにくい。でも英語の発音は抜群でした。そして、「風変わり」なことが一つありました。

先生はなんと子どもたちに「軍歌」を教えたのです。校歌と同じぐらい何度も繰り返し歌わされたのが、海軍兵学校の「同期の桜」という歌です。大きな声で「貴様と俺とは同期の桜、同じ兵学校の庭に咲く、咲いた花なら散るのは覚悟、みごと散りましょう、国のため」と、中学1年生の生徒が大声で歌うのです。もしも今ＰＴＡのみなさんが聞いたら、気を悪くするのを通り越して訴訟ものでしょう。でも、私たちは歌詞の意味も深く考えないで歌っていました。高橋先生がカッコイイことがその理由だったのか、いまだに動機は不明です。

それにしても、高橋先生の英語熱は相当なもので、「これからは英語ができないと世界で活躍できないぞ」と言っては、猛烈な熱心さで英語を教え込みました。

今の時代と違って12歳で初めて英語というものに接した私は、小学校時代、身体が弱くてみんなと同じスタート地点に立てなかった悔しさがここで爆発しました。「ゼロからのスタートだから、英語で一番になればいいのだ」。シンプルです。

そこで、1年生の英語のテストは、小さいものも入れて10回以上あったはずですが、全部１００点でした。２年生になって、担任は高橋先生のまま、英語は進藤務《しんどうつとむ》先生に代わりました。進藤先生は職員室で高橋先生になげいたそうです。「教えてないことは出題できない。でも、教えてあるのを出せば、綾子は全部１００点を取ってしまう」と。

そのとおりでした。私は先生と競争で片っ端から100点を取り続け、結局、中学校3年間、英語だけはすべて100点だったのです。いえ、正確に言えば、1回だけ99点があります。小文字のiの点を忘れて99点だったのです。

のちに中学校の英語教師になった私が二人の先生の家を訪ねると、よくこの話が出ました。「おまえに100点を取らせないように相当苦労したぞ」。

英語との出会いで、私はやっと、「得意」ということがどんなことかよくわかったのです。「得意なことがある」ということは、その人に他の劣等感があることを忘れさせて、自分に自信を与えてくれることなのです。

日本では、没後80年の時を超えてアドラーブームです。アルフレッド・アドラーは、ドイツからアメリカに移住してアメリカで認められた心理学者です。彼はそれまで研究を共にしていたフロイト派と別れて「自分の人生の主人公は自分だ」とする主体性を唱《とな》え、個人がその人の過去の影響を分析するよりも現在と未来をどうつくっていくかに重きを置きました。

その中で唱えたのが「補償《ほしょう》」の考え方です。

たとえば、生まれつき視覚障害のある子どもががんばって聴覚で才能を伸ばし、優れた音楽家になる。算数がまるきりダメな子どもが美術で才能を発揮する。そういう人間の「劣等性」のある部分を自分の選択で「優越性」に変えることができると説《と》いたのです。

人より劣っている部分があるのは全く怖くない。その劣等感に打ちひしがれて落ち込んでしまったら「劣等コンプレックス」になる。同じように、人より優れた部分を感じている「優越感」はよいけれど、優越感を鼻にかけて人を見下せばこれまた「優越コンプレックス」だというのです。

アドラーは劣等性を補う優越性を子どもが自分でみつけることを「補償」と呼んだのです。

すべての教科が人並みよりやや劣っていた小学校時代の自分を、中学で「補償」したのが私の英語のテスト、全１００点だったのに違いありません。

大人ももちろん意識的に「補償」をやっています。会社の仕事だとまるでさえない人が「宴会部長」で輝くのもその一例でしょう。

「頭はダメだけど、美貌《びぼう》があるさ」、「言葉はへただけどハートはピカイチ」、「計算はダメだけど文章はうまい」、「お金もうけはへただけど友達作りがうまい」、などなど。

そう考えると、人生怖いものが何もなくなりますね。欠点のあるのが人間です。それを差し引きしてオツリがくる魅力があればそれでいいのです。幼少の頃からそうやって伸びてきた私の例は、おそらくみなさんの劣等感解決のサンプルになりそうです。

3 お金は「吸って吐いて」の呼吸と同じ

社会人のための自己表現力養成セミナー「佐藤綾子のパフォーマンス学講座」を開始して22年目になります。この教室には九州の宮崎県や長野県、大阪府、山形県、秋田県など、全国から生徒さんが隔週土曜の午後を楽しみにハツラツとした顔で通ってきます。

中には同じ世田谷区のすぐ近くから自転車で来る人もいますが、九州や北海道のみなさんは飛行機代や新幹線代、ときには前泊のホテル代もかかります。何も事情を知らない人が見れば、さぞかしお金の余っている人が通っているのだろうと思うのでしょうか？　まだ教室に入学してない方が見学に来て、「私はみなさんのようにお金持ちではありません。内容は素晴らしいのですが、お金がなくて……」と決断ができないこともあります。

「でも、本当にそうかしら」と私は問いかけます。「お金がないのではなくて、貯め方にも使い方にも工夫が足りないのじゃないかな?」と一度は聞いてみることにしています。

それというのも、私には独自のお金観があるからです。

1981年のデビュー作『愛して学んで仕事して』でも書いたのですが、私はお金は「吸って吐いての呼吸と同じだ」と常に思っています。お金は呼吸のように必要な分を吸い込んで、それを必要なところに吐き出していく。そのためには、常にお金の使い方の優先順位についての意識と工夫が必要です。

その最たる例を時間順に三つだけご紹介しましょう。


長野県立松本蟻ヶ崎高等学校の2年生だった16歳の私には、少しですが収入がありました。

前に述べたように、中学で英語が得意になった私は、家で「お姉ちゃん先生」として幼稚園児や小学生に英語を教えることにしたからです。

家の壁に張り紙をして「英語教室」と書きました。高校でESS(英語クラブ)の部長もやっていたので、「これはなかなか適職だ」と思っていました。案の定、生徒が6人来てくれました。簡単な英語だけですが、工夫してフラッシュカードを作ったりクイズにしたりして、評判上々。

ちゃんと収入になったのでその月謝をもって、近くの「丸の内タイピスト学校」に生徒として通いました。当時、やっと日本に入ってきたスミス・コロナや国産ブラザーの英文タイプの技術を身につけたのです。昔の機械でスピードが猛烈に遅い。でもキーボードの文字配列は50年経った今のパソコンと同じです。おかげでブラインドタッチのスピードは高校時代から現在まで相当なものです。

このタイプライターの腕は、あとでニューヨーク大学でアメリカ人の友人たちのレポートを打つのに役立ち、そのお返しに彼らにずいぶん試験勉強を助けてもらいました。「芸は身を助けた」ではありませんか！　ここでのお金は英語教室で吸って、タイピスト学校で吐いたのです。

大学でも同様です。信州大学教育学部英語科、ここで中学と高校の英語教諭免許取得。どうせ4年間いるのであれば、精一杯充実させたい。私は夜間授業で美術教員の免許も取ることにしました。大学は国立で月謝は安い。でも美術をやるには、画材など沢山のお金が余分にかかります。さらに、2年生からは友人と農家の離れを一軒借りていたので（今のシェアハウスの貧乏版）、家賃や食費が必要です。

さて、どう稼《かせ》ぐか？　ひらめきました。大学でもまたＥＳＳキャプテンをやっていましたから、土日は英語の家庭教師。さらに、平日は昼間に英語の単位を取って、夕方四角い「食パンの耳」を食べます。なぜ耳かって？　真ん中の白い部分は木炭デッサンの消しゴムとして使うからです。だからパンの耳が私の食事。加えて、自分の授業外の時間は絵のモデルをやって収入をいただきました。

大学時代の「お金の吸って吐いて」は、家庭教師と絵のモデル、さらに日本育英会の奨学金を加えると、ひとまずは大学生活をエンジョイできる資金になりました。

大学卒業後、22歳で上京して、江戸川区立小松川第三中学校に就職して、その半年後に同じ大学の先輩で、東京女子医科大学病院で心臓外科医として働き始めた佐藤さんと結婚。24歳で長女を出産しました。でも、24歳はまだまだ能力の伸び盛りです。子育てしながら勉強する手はないか？　そこで考えて生み出したのが「３人交代のベビーシッター」でした。

長女が０歳から２歳になるまで、わが家には３人のベビーシッターがいました。「さぞかしお金持ちだったでしょう」と思いますか？　とんでもない。まったくお金は０円で、ベビーシッター3人を頼んだのです。夫は心臓外科医と言ってもまだ駆け出しで「金無医（勤務医）」と書いて、「カネナシイ」と読めと言ったくらいの安月給でした。

そこで考えた仕組みが、労働のバーター制度です。夫の勤務先の女子医科大学病院に勤めていたナースのみなさんに、私が英語を教える代わりに、ベビーシッターをお願いしたのです。

当時、私たちは狭い2Kの病院の官舎に住んでいました。この頃夫の勤務先の東京女子医大には、すぐ隣接した敷地に築50年は経っていそうな古い官舎があったのです。だから、幸いなことに、ナースのみなさんは歩いて我が家の部屋まで来ることができました。

そこで3人のナースに英語のレッスンを無料で開始。1週間に1回1時間のレッスンをする代わりに、彼女たちに交代で1回2時間のベビーシッターを毎日頼みました。生徒が3人ですから、3交代制のナースたちの誰かが、毎日必ず午前中2時間、月曜日から金曜日までわが家に来てくれているという結果になりました。ちょっとした買い物や外に行く用事は、この時間の中でやることができたのです。

しかもオマケがつきました。みなさんが若いので、話題が常に前向きで明るいのです。キャッキャという明るい笑い声が古くて狭いわが家に響いていました。

お金がないからベビーシッターは無理、まして3人も、と思考停止になる前に考えてみましょう。何か自分ができることを人に教えられれば、その交換条件で人に援助を頼むことは、だれでも無料でできます。簡単に言えば、経済活動の中のバーター貿易と一緒です。何かを売って何かを買う。その交換システムを自分の頭や力でやるのです。それには教えられるものを一つか二つもっていると、とても便利です。

私の場合は、それが英会話を教えるということだったのです。しかも、その力をつけたのが長女出産の前後だったのですから、これまた「子育て中だからたいしたことはできない」とあきらめている人には朗報のはずです。

さらに私には、妊娠中も独特の収入の獲得方法がありました。

24歳で娘を出産する前の妊娠中に、夫が福井県に転勤になりました。ちょうどわけあって江戸川区立小松川第三中学校の英語教師をたった1年で退職するハメになった私は、夫について福井県に引っ越しました。福井で中学校教師を再開するには妊婦で無理でしたし、夫の出張は1年かぎりと決まっていましたから、定職に就《つ》くのも無理でした。

そこで必死で考えました。「こんな福井の街はずれの静かで知り合いもいない町で、ただ何もしない妊婦でいるのはまっぴらだ。では、何をしようか」と。

おなかもどんどん大きくなってきますから、できたら自宅でできることがいい。そこでひらめきました！　中学で「お姉ちゃん先生」をやっていた頃のように、自宅の壁にまたもや「英語教室、受験英語と英語検定」と看板を掛けて、地元の高校生と大学生に英語を教えることにしました。

もしもだだっ広い4LDKの静かな一戸建ての家で、知り合いもなく、大きなおなかを抱えて一人でフーフー言っていたら、きっと私はノイローゼになっていたでしょう。駆け出し心臓外科医の夫は病院に泊まり込みもざらでしたから。

英語教室は評判がよく、生徒は最大20人になりました。そこでいただいた授業料を私はまたしても「吸って吐いての呼吸と同じ」をやったのです。ここでお茶とお花を習いに行きました。

近くの茶道と華道の先生にもっていきました。福井は京都に似て茶道や華道が盛んです。

さらに、せっかく子どもたちに教えるならば、私も英語で何か新しく挑戦したいと思いました。通訳の国家試験の受験勉強も開始。その後、東京に帰ってから運輸省の通訳案内業の受験をして当時600倍といわれた中で幸い合格。これがのちにニューヨーク大学大学院に入った時に、教室での英語力として大いに役立ちました。

こんなふうに高校時代のお姉ちゃん先生に始まり、私とお金の関係は今日に至るまで「吸って吐いての呼吸と同じ」。リズミカルに連続しています。

よく「お金を貯める趣味のある人が、亡くなってからタンスの中に莫大なお金を残していた」などということがあります。なんとばかばかしいことでしょうか。お金は使うためにあります。余ったら自分のためでなく社会のために使えばいいのです。目的は無く、単に貯めるだけの人を「ケチ」と呼びます。

本当に大きな仕事をしようとする人は「ケチ」ではなく「倹約家」、無駄なことにはお金を使わないだけです。目的のためにお金を稼ぐ手法を探しましょう。それには、今置かれた場所で充分です。よく見まわして、自分のどの才能がお金になるかを考えよましょう。

そうやって人に教えるものを今つくっておくことが、あとで誰かにそれを教えてお金に変える収入源になります。

昔のことわざで、「芸が身を助くるほどの不幸せ」ということばがあります。江戸時代はお金持ちのお嬢様は日本舞踊や三味線とたくさんおけいこごとをすることができました。でも、ある日家が傾き貧乏になる。そこで身につけてきた芸で生活費を稼ぐことになる。それは不幸せだ、という意味です。

でもこれには、「ご冗談を」と、今の私は笑い飛ばしたい心境です。芸があることは素晴らしいことです。英検1級、パソコン検定、ＳＥ資格、ファイナンシャルプランナー、介護士、なんでも片っ端から取ったらいいのです。

キャリア形成のためには資格は必要です。ときどき「資格は不要、実力があれば」などと、偉そうに言う人がいますが、資格が何もなくても、その分野で一流であると周囲に認められる人など、おにぎりのごま塩ほどもいません。

お金が今なくても、あきらめる必要はありません。「ない」は「ある」への始まりなのです。

一見「ない」と感じる中で、資本のもとを探して「ある」への道を歩き始めるかどうかを決めるのは、あなた次第です。

４ もっている時間を3倍に使うコツ

男性が会社で仕事をしながら何かを勉強するのも時間との闘いになるのは事実ですが、女性が育児をしながらの勉強は、さらにハードルが上がります。

どうしてもコマ切れ時間になります。おまけに外で仕事をして帰宅して育児となれば、なおさらコマ切れです。実は私は、この「コマ切れ時間勉強法」の達人です。

台所で野菜を刻む間は15分間のＮＨＫのラジオ英語講座とフランス語講座をよく耳だけで学習しました。上智大学大学院を受験したのは娘が5歳のときでしたが、そのときの第二外国語の試験は、こうやってラジオで独学したコマ切れ勉強法のフランス語でした。

30分時間があればテキストの誌面に向かう。そんなふうにコマ切れの時間を次々とつないで学ぶには、語学はピッタリなのです。

難しい哲学や数学は、1時間、2時間とまとまった時間が必要でしょう。単行本を書くのもまとまった時間が必要です。でも、語学はほとんど暗記作業なので、コマ切れ時間には合っています。

英語検定1級も、当時競争率が600倍だったといわれる英語通訳の国家試験も、すべてこんなやり方で突破しました。もしも私がその時に「コマ切れ時間しかない私は他の学生にかなわない、みじめだな」と思ったら、きっと勉強のファイトが出なかったでしょう。

そこは気持ちの切り替えが一番大事です。「コマ切れ時間に語学はピッタリだ、読書も持ってこいだ」と頭を無理矢理に切り替えたのが功を奏《そう》したようです。

これには「楽観主義」という心理学の尺度が証明になるでしょう。

私の研究仲間が大学生の「楽観主義傾向」と「悲観主義傾向」について、どちらの群が熱中して勉強の効果を上げているかを調べたものです。悲観的で「落ちたら困る」と思っている人のほうが猛烈に勉強すると思いますか？　結果は違ったのです。「できる」と信じている楽観主義傾向スコアの高い学生のほうが集中して、しかも長い時間勉強していたのです。

主婦や忙しいビジネスマンで「時間がないから勉強は無理」と思うよりも、「時間がないけど自分はできる」と思って工夫に精《せい》を出したほうが賢明だと、私がいつも思うのには、そういう科学的根拠があります。

「できない」と思ったり、つぶやいたりしたときがその人ができなくなるときなのです。

さて、勉強の次は料理です。

私は料理が大好きで、自慢にはなりませんが、手抜きの名人であるにもかかわらず、味もなかなかのものです。「次は働く女性のためのスピードクッキングという本を書いてください」と、今まで何人かの編集者に言われています。

忙しい今も10人ぐらいのお客様ならば、30分あればほとんど完璧に5品くらいの料理がテーブルに並びます。

そのスピードクッキングの秘訣は、長女が0歳から6歳までの6年間の料理方法の工夫にあります。勉強しながら料理もやりたいので、料理の仕方にとことん工夫をしました。

圧力鍋はまだなかったので、ガスコンロに煮物やスープなどの時間がかかるものを先に鍋に入れ、ガスコンロの火をつけておきます。その間に語学の勉強や翻訳のバイトの仕事を少しして、また台所に戻ったら今度は野菜を素早く刻んだり飾りつけたりという、そのときに集中しなければならない料理をぱぁっと一気にやるのです。そして、長い時間の鍋料理で作ったスープは冷凍庫の製氷機に入れて、あとからコロコロとキュービックな形で取り出せるようにしました。

これならば、人が来たときにパッと三つぐらい溶《と》かして、美的にコーンやエビの具材を加えれば、素早く素敵なスープになります。


もっとも抜群なのは、たくさんの友人から口づてにどんどん広がっていった、私考案のゴム手袋利用のマッシュポテトです。

ジャガイモを電子レンジでチンとしたら、そのあと普通は皮を剝いたり、いろいろなことをしてマッシュポテトを作るのですが、私は違います。ジャガイモの泥を落としたら袋に入れてレンジへ。そのあとは皮つきのままゴム手袋で、袋の外からちょっと軽く力を加えます。ジャガイモはその圧力に我慢できなくて、ちょっとだけ皮の口をあけます。そこをつまんで引っ張ると、皮が自然にポロリと取れます。

続いて、ジャガイモの入ったビニール袋の中に塩コショウと少々のマヨネーズと酢を振り入れて、ジャガイモに外からゴム手袋で5回ぐらいパンチを加えると、なんとポテトは簡単にノックアウト。見事なマッシュポテトが仕上がるわけです。味よし、舌触りも少しポテトの粒が残っていてナチュラルな感じ。クイッククッキングの名人ポテトはこうして誕生しました。

「マッシュポテトは単に一つの時間でつくるから、時間の併用にならないでしょう」と考えていただいては困ります。ジャガイモがレンジに入っている8分間は、知らん顔して他の料理をしたり、勉強したりができる時間です。

３年前に、『これからがうまくいく！　40代選択の知恵』（学研教育出版、２０１３年）という本を出して、その中で私の朝食を紹介しました。１日をパワフルに活動するために、朝食でしっかりと栄養をとってエネルギーをチャージすることが大切なのです。昼や夜は外食が多くなるので最高のバランスを朝とってしまいますが、これには15品目の食材を使います。そんな私の朝食のレシピをここで紹介しましょう。

・納豆（ここにしらす干し、刻み葱《ねぎ》、刻みノリ、塩分３％の梅漬けを入れる。量は倍になるくらい）
・脂肪分60％カットの低脂肪牛乳（ここに黒ゴマ黄粉のパウダーとユーグレナのパウダーを入れる）

・低脂肪ヨーグルト（ここにブルーベリーたっぷりと、カナダ産はちみつと、クルミ5粒ほどとオメガ3の亜麻仁オイルを数滴入れる）
・ミニトマト2粒
・無農薬緑茶を1杯

パンやごはんは一切食べません。

もうこの朝食を20年間続けています。仕事が多忙で昼食が3時になっても、この朝食のおかげでパワーは落ちません。

学研の編集者たちは、この写真を撮って実際の本の中に採用したのです。そのため撮影が終わってから編集者とカメラマンで食べてみることになりました。なんと、二人がかりで私の1回分の朝食を食べて「ずいぶんたっぷりですね」となったのです。1品ずつは少量ですが、15品目ありますから。

でも、この準備時間は10分間で充分です。すべてを冷蔵庫の中に、一気に取り出せるように、前日の夜のうちに並べてあるからです。朝から包丁を使う時間がないので、この場合の刻み葱も3日分きざんで、タッパーに入れておきます。

料理と同じく体力づくりの時間も工夫しています。

51歳から土曜の朝は太極拳とクラシックバレエを習いに新宿に行き、途中で失礼してタクシーの中でサンドウイッチとコーヒーをいただいて、午後2時に桜上水の自社到着。2時半から主催するパフォーマンス学のセミナーの講師を務めています。平日の朝は週1回のペースで、近くの友人と羽根木公園往復1万歩を歩いてからすぐに仕事です。

こんな超ハードな1日は、実は私の朝食に支えられています。朝食でしっかり栄養がとれているために、1日を3倍の効率で動けるのです。

時間は「ある、ない」の問題ではありません。「つくる」か「つくらない」かの問題です。

5 短所の裏側に長所がある

大人になっても「自分には長所がない」と本気で言う人がいます。私の「佐藤綾子のパフォーマンス学講座」に通ってきている生徒さんたちは、全員社会人です。みんな、よりよい自己表現力を身につけようと集まった弁護士、営業マン、歯科医師、ナース、地方議員、小学校や中学校の教師、スポーツインストラクター、アナウンサーなど職業も年齢もバラエティに富んでいます。

その方たちが4月に受講を開始した頃、「私って取り立てて長所がないのです」とつぶやくのをよく聞きました。講座を初めてオープンした頃に、よくこの発言を聞いて、最初は単に謙遜《けんそん》かと思っていたのですが、よく話を聞くうちにどうやら本心らしい、と気づきました。

これはゆゆしき事態です。なぜなら、アドラー心理学や発達心理学でも指摘されているとおり、自分の長所の自覚から自信や勇気が生まれるからです。

そこで私が開発したのが「ＡＳ私のグッドネス」という長所と短所を見つめる1枚の自己認識シートです。

このシートの特徴は、自分でもしも長所の自覚がなくても、友人など周りの人の言葉の中から自分の長所を認識し、しかもそれを性格上の、たとえば「明るい」、「真面目だ」などという言葉と実力上の「記憶力がいい」、「英語ができる」などとを分けてみるところです。漠然と長所はないと考えていたものをこうやって細分化してみることで、長所が見つかりやすくなります。

もう一つ私の講座でやっている方法は、自分の短所を書き出すこと。たとえば「集中力がない」、「優柔不断」などです。そしてその短所を全く同じ内容のライン上でプラスの言葉に置き換える作業です。すると、「集中力がない↓たくさんのことに好奇心旺盛」、「優柔不断↓注意深い」など、こんな転換作業をやると短所の後ろ側に必ず長所があるのがわかり、みんな笑い出したり、顔が輝き始めます。

まずは自分の長所をしっかり知っておきましょう。そこには二つのメリットがあります。第一が自信の獲得とともに自分が好きになること。第二はそれが自分の人生のキャリアを摑《つか》む第一歩になることです。

冒頭に書きましたが、私は小学校で、勉強全般が平均より劣っていました。だから中学校で英語に命がけになり、その結果、英語のテストは常に一番になり自信を得ました。もしもすべての科目ができていれば、それほど英語に打ち込まなかったかもしれません。

高校ではさらにそれが幸いしました。当時の長野県立松本蟻ヶ崎高等学校にはおもしろいルールがあり、全教科トップ20人を廊下の壁に名前で貼り出していたのです。これが私の自信にもなり、同時にこの高校が当時は女子校だったので、英語力のせいか自分がどうやらほかの同級生たちに人気があるのがわかってきました。

困り事や難題があったときに、「生田さん（私の旧姓）、やってみて」とみんなに頼まれたり、うまくいったときに、「あなたのおかげよ」と感謝されることが増えたのです。結果、「みんなと話し合いながら新しい提案をしていきたいな」と思い、生徒会議長団に立候補し、当選して生徒会議長と英語クラブの部長を兼任することになりました。

「他の科目ができない↓別の新しい科目でがんばろう」と、短所が長所に変わった例でしょう。

長所があると気づくと、顔が明るくなります。高校時代の自分の写真を見ると、それまでとは比べ物にならないくらい明るい顔をしていることに驚かされます。そして、これがのちの英語教師というキャリアの種になっていったのです。

次の「自分発見のAS私のグッドネス」というワークシートをやってみてください。

ＡＳは、私の名前のイニシャルです。今まで小学生から社会人まで、４７０人ほどの方々がこのシートに記入して、自分の長所がみつかっています。

図表の（４）の「善性」(goodness) とは、古代ギリシャ時代のアリストテレスが「大善」と呼んだような人間が本質的に持っている善い部分を指しています。

自分発見のAS私のグッドネス

【アヤコ流チェックポイント自己分析表】

（1）私が思う私の長所		（3）友人や家族に聞いた私の長所	
パーソナリティ	実力	パーソナリティ	実力
(2) 私が思う私の短所		(4) 上記 (1) と (3) の中で 人を幸せにすると思われる長所	
パーソナリティ	実力	パーソナリティ	実力

この (4) があなたの「善性」(goodness) です。よく意識して大切に伸ばしましょう。

出典：佐藤 綾子『自分をどう表現するか――パフォーマンス学入門』(講談社現代新書, 1995年, 186頁)

第2章
自分の行く先を探す練習

チャンスは前髪でつかめ（ことわざ）

Take the chance by the forelock

善は急げ！
チャンスの神様は頭のうしろ側が
はげていて前髪しかないので、
見かけたらすぐつかまえないと、
逃げてしまうという意味です。

1 キャリアのみつけ方・育て方

実は世の中で「あの人はキャリアウーマンだ」というときに、その「キャリア」とは、有名な大学を出て、立派な会社の役職に就《つ》いていることなどをいいます。あるいは、医師とか弁護士などのいわゆるサムライ業。でも、もともと「キャリア」は、ギリシャ時代の二輪車「チャリオット」が語源です。

チャリオットは、戦士が戦いで勝って凱旋《がいせん》行進をする際に、その上に立って市民に手を振るときの乗り物でした。この二輪車を引っ張っていたのは馬か人間です。二輪車なので、手を離すと止まってしまいます。でも、手を放さなければ、チャリオットが通過したあとには、２本のくっきりした轍《わだち》ができます。この轍のことを「チャリビア」と呼びました。のちにこれが音が訛《なま》って、チャリオット、チャリビア、キャリアと変化したのです。

つまりキャリアとは、その人が一生引っ張り続ける、自分のもつ、他の誰にもない、たった一つの力のことなのです。それはお料理かもしれないし、刺繍《ししゅう》かもしれない。今の私のようなパフォーマンス心理学かもしれません。

このキャリアを探したら一直線に進み、自分の歩いた後ろにくっきりと軌跡《きせき》（チャリビア）をつけていくのが、一番順調なキャリアアップです。

昔ながらの言い方だと、ある会社に入って一歩ずつステップアップするような形を意味していましたが、最新のキャリア学ではそうは考えません。たとえば昔は「主任↓係長↓課長↓部長」などと進んでいく形をキャリアパス（キャリアの道）と呼んだりしました。

でも、そのキャリアを自分で「変えたい」と思ったときはどうでしょうか？

たとえば、今までとまったく違う職業についたり、同系列とはいえ会社を変わったりする、いわゆる転職の場合です。私はこのキャリアの発見とキャリアパスとキャリアの変更については、たくさんの研究データをもっているのですが、今のように会社という組織が不安定になり、個人のフレキシビリティが求められる時代は他になかったと思います。

こんな時代こそ自分のしっかりしたキャリア観が必要です。一つの会社に入って、上に上がるだけがキャリアではありません。私のキャリアの例をご紹介しましょう。

私が専任の大学講師としてキャリアをスタートしたのは、保谷市にある「武蔵野女子大学」でした。英語の講師です。そのときに、今でいえば「ヘッドハント」のはしりで、お誘いを受けて日野市の「実践女子大学」へ。ここでやっとパフォーマンス学をスタートできることになりました。そして講師から助教授（現在の准教授）を経て教授に就任。心の内で「パフォーマンス学で博士号を出す立場になりたい。それには自分が博士号をもっていないといけない」と常に思っていました。

そこで思い切って、49歳で立正大学大学院の心理学科に「科目等履修生」で登録して、実践女子大学の授業のない日に立正大学に通って、学生として博士論文執筆に入りました。5年がかりで書いた論文が受理されて、54歳のときに博士号を取ると同時に「大学院の担当ができるから実践女子大学を退職して日本大学芸術学部に移籍しませんか」という提案を日本大学芸術学部演劇学科から受けました。

「あと2年、合計20年いたら名誉教授の申請もできるのに」と止めた友人もいましたが、私の移籍の決心は揺るぎませんでした。心理学領域で取った博士号をたずさえて、パフォーマンス心理学というキャリアをさらに広げる道を選んだのです。

パフォーマンス心理学というチャリオットを引き続ける。そして少しずつ大きくする。これが一番私に似合った生き方です。

57歳での日大移籍なんてなんと勇気のいることか、とあきれたり止めたりした友人もいましたが、50代後半ならば、まだ新しい環境で自分を鍛える体力や気力は充分です。

2 本物の人脈をつくるためのルール

世界的にも大きな評価を得ているドイツの哲学者エーリッヒ・フロムが、友人づくりについておもしろいことを書いています。「人と話をするならば、会話に生産性がある人でなければ意味がない」、「又聞きや、噂話をする人と時間を過ごすならば、ゾンビ（死体）と話したほうがまだましだ」と言うのです。なんとまあ厳しいご意見でしょうか。

でも、私もそう思います。

私が信州の田舎から上京してきたときは、東京で知っている人といえば、八王子在住の叔父が一人、そして同じ信州大学の医学部を卒業した5年先輩で、後に結婚相手となった佐藤さんがいただけでした。つまり東京の友人知人はたった二人だけでした。

ところが今では、年賀状を出す相手だけで３０００人以上います。その中で、何か新しいことをしたいときや、困ったときに本当に力になってくださる人は、おそらく５００人ほどはいるでしょう。私の方も、常にその５００人の方々には何かしらのお役に立つよう、メールや手紙を出したり、会ったりして、親しいお付き合いを続けています。

このような「自分から人の役に立ちたい」という心構えが、人脈づくりの根本には必要なのです。一方的に相手の力にぶら下がっているのを「人脈」とは呼びません。それは「コネ」（コネクション）です。

人脈づくりの基本は、次の三つのルールを守ることです。

相手に貢献する何かをもつこと、感謝すること、約束は必ず守ること、の三つです。

まず、一つ目の「貢献」ですが、私の場合は、何か実際にモノを作る技術があるわけではないので、「パフォーマンス心理学」というまだ日本にはなかった自己表現のサイエンスを徹底的に研究して専門力をもつということが、人様のお役に立つ唯一の事柄です。

常に人に提供できる何らかのおもしろい話題があること、それは大事な人脈づくりの条件です。

二つ目の「感謝する」について、あなたも何か人にお願いすることがあるでしょう。就職のお願いだったり、あるいは自分に何かの発表のチャンスをくださいというお願いです。ところがそれが実際に達成できた時に、きちんと素早いタイミングでお礼に行く人がなんと少ないことでしょうか。頼むときは一生懸命なのに、終わると報告やお礼を言いに行くことを忘れがちです。すると、その人からのお願いは次から二度ときいてもらえません。

「コネ」という言葉がありますが、コネと人脈は違います。コネは、まだ力のない人が相手の情けにすがってぶらさがって何かをしていただく状態です。でも人脈は、自分にできることをして、自分が他の人に提供できるおもしろい話題を蓄え、何かをしてもらえば必ずお礼を言うことができている場合です。

それができていなければ、「彼はただぶらさがっているだけの人だ」と相手に思われて、次第に切られてしまいます。それでは人脈は続きません。

三つ目の「約束を守る」について、だれかと先に約束があっても、それよりもおもしろいことがあると前の約束を簡単に変更してしまう人がいます。知っている限りでは、若い女性に特に多いようです。女友達と約束をしていたのに、ボーイフレンドからデートの誘いをもちかけられると、前の約束を破棄してしまいます。こんなことをしていると、本当の信用、本物の人付き合いにはならないのです。

いったん約束をしたら、どんなに無理をしてもその約束は守りましょう。そんな努力を重ねていくと、だんだん「あの人は信用できる」と思われて、友情や同志愛や基本の人間関係ができて、やがてあなたの実力がつくとともに、それが人脈に育っていきます。

20代、30代でこの三つのルールを守る努力を誠実にすることが、やがて40代、50代で何か大きなことをするときに頼りになる本当の人脈ができる土台になっていきます。

「知り合いが多い」ということと、「人脈がある」ということは、まったく別のことです。異業種交流会でたくさん名刺をもらって「○○会社の△△社長を知っている」などと言っているのは、人脈のはしくれにも入りません。三つのシンプル習慣を守って、ゼロからホンモノの人脈をつくっていきましょう。

3 潜在能力を開花させる方法

私の事務所に最近新しいスタッフ候補が来てくれました。52歳。美しい女性です。

「地方の短大を出て大手の建築会社に勤めていたけれど、32年いても同じ仕事です。もっと新しいことに挑戦したいと思っています。教育セミナーの運営は興味があります。会社で広報のデザインもやっていました」と前向きです。

「素晴らしいですね。そういう人を探していました」と私。

ところが、いざ仕事が始まると不思議なことが起きました。

たとえば「生徒のための会報を作るのでこのレイアウトにこの文章を落とし込んでください」と私がお願いすると「いえ、それはやったことがないですから」と言うのです。

「今まで会社の会報のデザインをしたというのはどういうことですか?」「それは私が文章を考えて大体こんな感じで、と言って担当部署に渡していただけです」。

あれまあ、と思い、ではテープ起こしを頼むことにしました。私は毎月の連載誌をいくつかもっていますが、原稿作成のために、まずは内容をしゃべってテープに吹き込むからです。「これをイヤホンで聞いてパソコン上で文章に起こしてください」と私が言うと「いえ、それはやったことがないので……」と、彼女は言います。「テープ起こしはまだ何も知らない大学生がバイトでもやっているから大丈夫ですよ」と励ましても、「いえ、困ります」という返事。

結局彼女は、たった４日間で「思っていたのと違いました、初めての仕事が多すぎます」と辞めてしまいました。

ここには、その人が今後自分の潜在能力を開花させてぐんぐん伸びていくか、それとも年齢とともにシュリンクして小さな人生に固まっていくかの大きな分かれ道があります。

だれでも今まで繰り返してきた仕事をしていれば安心です。手慣れているので特に工夫をしなくても、ある程度の成果は上がります。でも、それでは毎日が単純になって、なんとなく刺激が少ないように感じるのは否めません。だから彼女は新しい環境を求めて転職したのです。

それなのに、以前の会社でやったことがない仕事はできない、というセリフがすぐに口から出てくるのは、すでに会社人間、飼いならされた労働力になっていることの証ではありませんか。

たとえ同じ仕事を繰り返していても、自分自身の意識の持ち方で、大きな潜在能力を開花させることはできます。

私の友人に、一度カウンターに座ったら軽く１万円以上はかかる寿司屋をやっている方と、ランチのメニューが４９００円のうな丼一種類だけというウナギ屋をやっている方がいます。

彼らの作っているのは片や寿司、片やうな丼。毎日同じ商品です。でも二人とも口をそろえて言います。「毎日が自分の新しい能力開発の連続ですよ。もっとおいしくなる方法はないかと、いつも工夫して真剣勝負だ」と。

自分で経営していても会社に勤めていても、その点は同じだと私は思うのです。その仕事の中でどれだけ自分の潜在能力を開花させて、それによって相手に貢献できるか？　それが一番重要でしょう。

人間の潜在能力開発には、およそ三つのパターンがあるでしょう。

「前にやったことがない」→「だからやらない」の図式なのか、

「前にやったことがない」→「だからやってみよう」なのか、

あるいは「前にやったことがある」→「だからもっと斬新にやってみよう」の三つです。

キャリア心理学の分野では、人間の能力を「潜在能力」「保有能力」「顕在能力」の３段階に分けます。仕事や生活でいつも発揮していて、自分にも他人にもはっきり見えている能力が「顕在能力」です。

今は発揮していないけれど、言われたらすぐにできるのは「保有能力」。そして自分の中に眠っていて自分も他人も気づいていないのが「潜在能力」です。

あなたも思い浮かぶシーンがきっとあるでしょう。たとえば、小さなこどもたちは、ボール投げが初めてできるようになったとか、靴をはけるようになったときに大喜びします。そしてこう言います。「ママ手伝わないでいいよ。僕自分でできるようになったから」。このときの誇らしげな顔を見てください。これが自己の潜在能力が開花したときの快感なのです。

この「潜在能力」が、いきいきした人間らしい素敵な能力なのです。私が一番好きなアメリカの精神科医ロロ・メイの本『失われし自己をもとめて』（誠信書房、１９９５年）を読んでみてください。彼はこう言うのです。

「勇気とは、ある人が自らの自由を達成しようとするとき生じてくる不安に遭遇できる能力である」

これには私にも、鮮明な体験の記憶があります。小学校6年生の学芸会のことです。

「ニコニコして人に好かれる人になれ」と、4年生で担任の市川先生に言われた私は、6年生になったばかりで卒業学芸会をやることになりました。出し物は「シンデレラ」と決まりました。そして、その頃は国語が多少できるようになって、弱虫アヤコという汚名は返上できていたものの、身体が小さくて、クラスで2番目のチビ。声も小さめな弱いイメージの私は、いつも意地悪な継母や姉たちにいじめられて台所で泣いているシンデレラにピッタリだと言われて、主役に選ばれてしまいました。

その頃、次第に身体が丈夫になっていて、放送部に入って、昼のアナウンスの全校放送などをやっていた私としては、ここでシンデレラを受けて立つか、それとも逃げるかの境目に立たされてしまいました。どうしようか毎日悩んで暗い顔をしていた私の背中を押してくれたのは、母でした。

「思い切ってやってごらん。もしもできたら、きっと綾子は自信がつくよ、台詞の練習はお母さんが見てあげるから」。市川先生も同じことを言いました。「間違ったっていいんだ。やることが大事だ。それに、きっとうまくできるよ。そうやってお前は強くなっていくんだ」と。

それで、結局シンデレラに挑戦。あろうことか、音痴の私が劇中歌の「私は悲しいシンデレラ」という歌まで、生で歌ってしまいました。心臓が外に出るくらい緊張した練習の半年間でした。でも、当日会場のみんなの拍手を聴きながら、後ろで見ていた母が手をたたいているのも見届けて、私はシャンと胸を張ることができました。

「大丈夫。やればなんでもできる」と思ったのです。

潜在能力は、こうしてだれかに言われたにせよ、自分で思いついたにせよ、決して新しいことに尻り込みしないで、勇気を出して、なんとかやってみるところから開花していきます。だから、自分からは新しいチャンスを避けておいて、人に言うときには「なにせコピー取りばかりで、新しい仕事がこないのよ」などと嘆くのは間違っています。

潜在能力開発の一番の近道は、新しいことでも言われたら断らずにやってみること。

次にできる方法は、自分で知っている分野の仕事や作業でも「より高く、より美しく、より速く」と自分に声をかけることです。

私は仕事はスポーツだと思っています。

「より高く、より美しく、より速く」自分の能力を磨いていきませんか。

④「内発的報酬」で、デキる仕組みが生まれる

だれでも、それまでできなかった何かができたときは嬉しいですね。小さな子どものときは、みんなその喜びがありました。鉛筆を自分で削れるようになったから嬉しい。それまでできなかった難しい方程式ができたから嬉しい。この喜びの感情を心理学で「内発的報酬」と呼びます。

一方、会社でうまく仕事ができて上司から「君は素晴らしいね」と言われたら、この言葉は「外発的報酬」です。給料があがるのも「外発的報酬」です。

もともと学力優秀、体力抜群、経済力は親の代から有り余る、美貌《びぼう》も遺伝のせいか並はずれている。そういう人はとても幸福な人生の持ち主のようですが、実は私はそうは思い

ません。すでになんでもあるので「何かを欲しい」という欲求が起きないからです。欲求のないところに欲求充足の作業や喜びは発生しません。貧乏で苦労した子が、大人になって事業で成功することが多いのもその仕組みです。

欲求が自分の努力で満たされたとき、当然その人は外発的報酬を受けることが一般的です。でも、自分の気持ちに敏感であればあるほど、その人は「内発的報酬」を受けます。「やったあ、よかった」という満足感。そして自分にはそれができるという自信と誇りをもつわけです。そうすると、次はその時点での力が「顕在能力」となって、今までないと思っていたさらに高次元の能力が開花します。これが「潜在能力の開花」、です。こうやってどんどん大きく自分が育っていくわけです。

私の例でいうと、こうなります。勉強の能力はないと思っていた自分が中学の英語で開花した。その自信で、高校では英語部長や議長団をやった。その足し算で、次はだれひとり知り合いのいない、しかも英語で勝負しなければならないニューヨーク大学大学院への留学につながった。異国の地、ＮＹでもなんとかオールＡの成績で卒業できたことが、帰国後に日本でまだ誰もやっていなかったパフォーマンス学の創始につながった。

つまり、もともと力があったのではなくて、無い知恵を振り絞っているうちに、次への自信になって次の力がついた、ということになります。

1回ベストを尽くしてみると、喜びと自信という「内発的報酬」になり、そこからまた次のことができるという仕組みが誕生することになります。プラスのスパイラルです。

そこにいくまでの小さな一歩を大切にしましょう。劣等感があっても大丈夫。一度だけ思い切って挑戦したことで「内発的報酬」の味を知れば、それを求めて次々とデキる仕組みが連続します。

5 自分の道を選ぶための別れ

「最初に1年生のあなたが英語部の部室に入ってきたときに、古臭く暗い部屋がぱっと明るくなりました。この女性には今までのだれにもなかった内面からの輝きがある、と感じました。その瞬間、私はあなたに一目ぼれしたのです」。

こんなちょっと見ると詩の一文のような文章を書いてくれたのは、私が信州大学教育学部英語科に入学したときに1年先輩だった荻原義重さんでした。

彼は安曇野《あづみの》の彫刻家・荻原碌山《おぎわらろくざん》の直系で、生涯独身だった碌山の生家をついで安曇野にできた美術館「禄山館」の後を継《つ》ぐことになっていました。静かで優しい人です。そしてスポーツマンです。私はすぐに彼の好意に応えたいと思いました。生涯のパートナーとしても最適だと感じました。

荻原さんは登山好きでした。おかげで私もアイゼンをつけて、白馬岳、八ヶ岳、爺ヶ岳《じいがたけ》、乗鞍岳《のりくら》など次々と山に登りました。アルプス銀座の美しさは今も鮮明に記憶に残っています。彼はスキーも上手だったので教えてもらいながら、まったく白銀とは縁のなかった私がスキーにもなんとか馴染《なじ》むことになりました。

高校に引き続き、大学でＥＳＳ（英語部）の部長になったので、ＥＳＳの活動も彼と一緒でした。「将来綾子さんが息子を助けて美術館をもりたててくださいね」という彼の母親の勧めもあって、英語の授業の他に夜間で美術を専攻して美術教員免許証を取ってしまいました。深夜の美術授業の送り迎えも彼がバイクでしてくれました。

ところが、そこで問題が起きました。私は、どうしても信州から外に出たいと痛切に思うようになったのです。

決心が固まるきっかけは、大学４年生のときの教育実習の結果でした。今と違って、４

週間もの長い間教育実習をしましたが、私は、中学生たちの評判もよく、教師たちの授業評価も、30人の中では一番いいのではないかといわれていたのです。ところが、教育実習生代表でだれか一人がスピーチをする段になって、選ばれたのは男子でした。

信州大学の卒業式もそうです。卒業生総代のスピーチを読むのは、例年男子の特権でした。4年間の成績がとびきりよくても、だれも女子の私を推薦した教授はいませんでした。

さて、私はここにいて、教育学部の卒業生の大半がそうするように、長野県で中学校の英語の教師になって、自分らしさを保てるのだろうか。どうしても不安になってしまったのです。

当時、私が読んだカール・ブッセの詩にこんな言葉がありました。「山のあなたの空遠く『幸』住むと人のいふ」。つまり、外には信州とは違う、もっと大きなチャンスがあるだろう、もっと多くの人と出会って、自分の可能性を広げたいと思い始めてしまったのです。

さんざん思い悩んだ結果、彼に「別々の道を生きていかない？　私は東京で自分を試したい」と、問いかけたのはそんなときでした。どんなに彼が絶望したでしょうか。愛車のバイクに乗ってトラックに飛び込み、けがをして入院。彼の母上から一部始終の説明の電話があり「お見舞いに来てくださいね」と言われました。大変に迷いました。「今行ったら、きっと東京に行けなくなるだろう」、と。

そのときも母はシャンとしていました。半年後には、私が家を出て東京の中学校教師として一人で上京することになっていて、心配で食事ものどを通らなかったのに、その日はきっちりと私に言いました。「やめなさい。今行ったら綾子は東京に行けなくなるよ」と。

一大決心をして、東京で教員の就職も決めていたのに、それをやめてアブハチ取らずになることを、母は見抜いていたのだと思います。そのときの母のさみしさと決断の強さをよくよく知ったのは、ずっと後のことでした。

上京して東京での貧乏暮らしの中、辛い目にもあいましたが、いつもそのとき、あの愛にサヨナラしてきたのだから、決してくじけてはいけないと思ったのです。

荻原さんとはその後20年、音信不通。美術館が火事になってお見舞いの手紙を送ったときも「僕はあなたの憐《あわれ》みだけは、受けたくない」と返信がきました。

でも、時間は不思議です。その後信州大学教育学部の講演に呼ばれた私は、客席で穏やかに聞いてくれている彼に再会することになったのです。「どうしたの？　まだ怒っているでしょう」と私。「イヤ、時効だよ」と彼。今ではお互いの仕事や本の感想について話すなど同志としてのお付き合いが復活しています。

失っても本気の愛ならいい。申し訳ない気持ちを大切にすればいい。人間にとって無駄な愛なんてない。今だから自信をもって言えることです。

6 チャンスの数だけリスクもある

何か新しいことを始めて成功すれば自分の功績、失敗すればだれかのせいにする人がなんと多いことでしょうか。だから演歌の中にあります。「こんな女に誰がした」と。

失敗も成功もすべて自分の選択だと心理学者アドラーも言っていますが、大きな成功には失敗はつきものだということを、ふと忘れるのも人間です。銀行で大きな利子を生む商品が往々にして損失の機会も大きいことと同じです。人生もチャンスの数だけリスクがあります。

住み慣れた場所で長く勤めている会社にずっといる。井の中の蛙《かわず》で自分がお山の大将だと思っていれば、安全です。ですが、そこから出たら、チャンスもあればリスクもあるのです。

卑近な例が私の中学校教師1年で退職、の事件でした。

大きな夢を抱いて、22歳で上京し、第一志望の江戸川区立小松川第三中学校に教師として入って半年が過ぎた頃、都会だったらたくさんの自由があると思っていた私は、ガツンとたたきのめされました。

子どもたちが坊主刈り反対運動というのをやっていたのです。それは当時少しずつ増えてきた校内暴力を抑え込もうとして、教師たちが男の子を捕まえてはバリカンで坊主刈りにしていたときです。子どもたちは、３センチでもいいから髪を伸ばしたいとガリ版刷りでビラを作り、学校の外で撒《ま》いていました。「よし、先生も一緒にやってやる」。22歳の熱血先生は一緒にビラを配りました。

当時、私のあだ名は「ミニスカ先生」。そうです、ミニスカートが流行《はや》っていた時代で、赤いミニスカートをはいて、生徒と一緒に「坊主刈り反対」のビラを配ったのです。当然、校長先生はカンカンに怒ります。校長室に呼び出され、ビラ配りをやめろと注意されること2回。３回目に校長室に行ったら、「ビラ配りをやめるか、それとも君が教員を辞めるか、どっちかにしたまえ」。即答で「教員を辞めます」となり、たった1年で小松川三中の英語教師を退職することになりました。

東京ならばもっと自由な教育があると思っていたのは単なる思い込みで、中学の教師としてこの先100年働こうが、きっと私が自分の考えを発表したり教育を変えたりする場はないだろうと、その瞬間に感じたのです。その判断が正しいかどうかは別として、言ってしまったらもう後の祭り。中学校教師を1年で退職することになりました。

その瞬間に思ったのが、「これから大学院に入り直して自分は大学の教師になろう。もうちょっとは発言の自由があるだろう」という、えらく短絡《たんらく》的なものでした。でも、お金がありません。

ちょうど22歳で東京に出て、就職の半年後に私は結婚もしていました。信州大学の医学部で5年先輩の佐藤が東京女子医科大学病院の心臓外科医として、まだ無給医ながら勤務し始めた年です。

「僕と結婚しよう、二人とも勉強を続けよう。結婚式をやってから、お互いにちゃんと仕事しながら勉強すればいい」と言われ、今思えば、ありえない計画ではあったのですが、東京の空の下で一人暮らしよりは気心知れた彼との暮らしがいいだろうと、就職の半年後の10月に、22歳で結婚したのです。そのたった4ヶ月後の退職です。大学院に入り直そうと思っても、自分の給料がゼロになっていました。かといって「金無医《きんむい》」の夫の給料も暮らすのにギリギリです。

どうしたものか、頭を抱えました。「チャンスの数だけリスクもある」と、はっきりそのとき思ったものです。

稼《かせ》ぎながら大学院に行こう。それが結論でした。でも、妊娠が判明し、おまけに運悪く夫は福井県に1年間の転勤が決まりました。私も夫の1年間の出張について行き、その間に長女を出産しました。帰京してすぐに、次の4月から目黒区立の中学校3校ほどの英語の非常勤講師として登録し、非常勤講師で教えていない日は大学院の受験勉強をしました。

受験を目指したのは上智大学大学院です。そのときすでに26歳。子どもが小学校に入学するとき、つまり、私の30歳を上智大学入学の時期と決めて、現役生にくらべたら8年も遅れた大学院入学への勉強開始。資金づくりの非常勤講師と翻訳のアルバイトも。

頭がついていけるか？　体力は大丈夫か？　子育てと両立できるのか？　資金は続くか？　奨学金で行こう。

たくさんの不安は、考えてみたらこのあとの「コブ付き大学院生誕生」というチャンスを掴《つか》むためのリスクとして当然のことでした。

そして、リスクの覚悟があったから、苦労もできたのでしょう。

第3章
人生の主人公は自分

涙とともに種を蒔く者は、
喜び叫びながら刈り取ろう。
旧約聖書、詩篇126—5

嬉しいことと同じように、悲しいことや辛いことが
セット販売みたいについてくるのが人生です。
そんな中でも、あなたが勇気を出してコツコツ努力
したことは、後できっと素敵な花が咲きます。

1 人とくらべたら幸せは遠くなる

20代は人生のいわば「船下り期」です。次々と流れに任せて下っていくうちに、いろいろな景色に会い、いろいろな人に会う。そして、つい他の人と自分をくらべて自分のほうが劣っていると落ち込んだり、ほんのちょっと優れているだけなのに、優越感に浸《ひた》ったりしがちな時期です。

子ども時代から相対評価の通知表の中で育ってきたせいか、集団主義文化の中で、つい近くの人と自分をくらべる癖《くせ》がついてしまったのか……。

実は私自身もこの悪例のようなものでした。

夫の福井県への1年間の出張について行き、長女の出産を経て、子連れで東京に戻ったときのことです。住まいは新宿区河田町の東京女子医大の官舎になりました。

鉄筋３階建ての1階の一番奥の部屋に住んでいたわが家は、お風呂はありませんでしたが、一応、３ＤＫでした。台所の片隅にプラスティックのバスタブを置き、そこに流しについているガス湯沸かし器からホースでお湯を引き、にわかづくりのお風呂です。これだと1歳の子どもをお風呂に入れるのに、けっこういい具合なのです。お風呂から出たらすぐに台所でバスタオルに子どもを包んで、隣がすぐに子ども部屋という具合。動線が短くて済む。まあ、負け惜しみですが、そんなふうに思いました。

さて当時、お向かいの家にやはりドクター夫妻が住んでいました。この家が常にカーテンを開け広げているのです。一番奥のわが家に行くには、どうしてもその家の前を通ります。すると、大きなピアノが見えます。部屋が狭いので当然アップライトピアノです。そのピアノを奥さんが弾き、ときどき合計二人ほどの子どもが交代でピアノを習いに来たりしていました。その家はよく出前をとるらしくて、お寿司の寿司桶がドアの外に出してありました。

わが家は緊迫した財政でしたから、とてもお寿司はとれません。出前よりも自分のクッキングのほうが安上がり。それに、家にピアノもなかったので、見せびらかすどころか、むしろ、自分の書籍山積のせま苦しい部屋を見せないために、日中でもレースのカーテンを引いて、外からは見えないようにしていました。だから、お向かいの家はピアノを弾いたり、出前をとったり、きっとお金持ちなのだと思っていました。

ところが、あるときふとわかったのです。その家のご主人と当家の主人はまったく収入が同じ。実家の仕送りもなし。そうなると、多少でも英語教師として私の収入のあるわが家のほうが、いくらか所得が上であることがちょっとした会話で判明したのです。うわべだけ見て、ピアノがあるからお金持ちだとか、お寿司の出前を何度もとるからお金持ちだと相手を判断していたことが、どうやら浅はかだったようです。

西洋では「隣の芝生は青い」と視覚情報に訴えたことわざがあります。日本では「隣の柿は甘い」と、こちらは食い気に訴えています。日本の江戸時代は「隣の糂汰味噌《じんだみそ》は香ばしい」で、こちらは嗅覚だのみ。でもどちらも原理は同じ。よく知らないご近所さんのことはよく見える。そして、自分がその分、劣等感を抱く。青い芝生のご一家はみんな幸せか、見かけのいい柿は本当に甘いか、糂汰味噌なんてなめてもないのにわかるわけがない。

この三つのことわざには、すべて私たちが簡単に相手を一つの条件くらいで判断しているけれど、相手のすべてを知っているわけではないのに、という揶揄《やゆ》が入っているではありませんか。

本来は相手について判断するためのすべての条件が整っていないことに気づくべきでし

ょう。若いときはどうしても相手の一面だけを見て、あちらのほうが幸福だとか金持ちだとか利口だと判断して、劣等感を抱きます。実にばかばかしいことです。

他人のすべてを知るなんて不可能です。知る必要もない。自分は自分だと割り切りましょう。相対評価でなく「絶対評価」が人生には合っています。

2 結婚の適齢期は人それぞれ

22歳で結婚したばかりの頃によく友人に言われました。「いいわね。あなたはサッサと結婚して。おまけにご主人が心臓外科医だったら、病気になったときにいつでも真っ先に治療してもらえるし、一生お金には困らない」と。

他人の結婚については、そんな大雑把なコメントが多いものです。

でも実情は、そのお言葉とはまったく逆でした。「ご主人はどちらですか」と聞かれれば、「はい、ただ今入院中で」と答えたくなるぐらい、夫は病院にほとんど常駐していたのです。心臓外科は手術時間が長いうえに、手術が終わってもなかなか気が抜けないため病院にとどまります。それなのに外から見て、「主治医が家の中にいて便利だ」とか、果ては「お医者さんはお金持ちだからいいわね」とは、これいかに。

最初のうちはこちらも真面目に「いえ、勤務医ですから毎度入院中で」とか「勤務医は金無医ですから貧乏です」などと、一つずつ答えていたのですが、だんだんばかばかしくなりました

当時は結婚平均年齢が23・5歳という時代で、早く結婚するのがトレンドだったかもしれません。あれから40年。時代は変わりました。

それだというのに、近頃でも、私のパフォーマンス学講座の受講生や大学の学生が「早く結婚しないといけないと思って焦ります」とまだ30代で言いにきたり、「仕事がおもしろくて結婚どころじゃない、でも一応婚活パーティーだけは行ってます。40代で結婚しないと子どもが産めないから」などと揺れているのです。

確かに出産を考えたら40代前半までが限界でしょう。出産も子育ても体力勝負ですから。でも、産まないという選択もあります。実際に私の友人たちの中には、子どもがいないけれど幸せな仲良し夫婦はたくさんいます。

さらに、結婚しない女性もいれば、パートナーはいても結婚の形をとらない人もいます。

でしょう。

近頃は同性婚もあるのですから、ますます夫婦で子どもを出産するのが典型ではなくなるでしょう。

時期の問題も含めて、そういう多様な結婚の形、あるいは未婚を認めるのが、今の社会の価値だと思うのです。これまた、頭で考えて平均値などとくらべているより、体当たりでやってみたらいいでしょう。

早い結婚は、自分が未熟なのに親になって、自分の成長と子どもの成長を両立させるのが難しいという私自身が体験したような苦労があります。でも、遅い結婚だと、自分は十分成長しているので、子育てに対して安定した精神状態で臨むことができます。しかし、今まで積んできたキャリアを中断する難しさと子育ての体力の問題があるでしょう。

結局、これほど「自分中心によく考えて、熟慮の上でどちらかに決めるのが一番いい」テーマも他にないような気がします。

3 子育てで自己実現をあきらめなくていい

「子育てと母親の自己実現は両立しますか」とよく聞かれます。

子どもを産んだからといって、自分のしたいことを全部あきらめる必要はもちろんありません。でも、「なんとかなるさ」と大雑把に宣言していた私も、実にこれだけは困りました。

24歳で長女を出産しましたが、夫は超多忙で家にいないため、ほとんど母子家庭状態のわが家なので、子どもが熱を出したり夜中に大泣きをすると、全部自分一人で背負い込むことになります。

おまけに6年後の子供の小学校入学時には上智大学大学院に入りたいのですから、お金を貯めなくてはなりません。そのため、いくつかの目黒区立の中学校の英語の非常勤講師と医学用語の翻訳のアルバイトもやっていました。

夜中に何度も赤ちゃんのオムツとミルクで起きているので、昼間働くと、立っていても眠くなってしまいます。英語の授業の最中、教材に「エストラリータ」という名前の女の子が出てきたときに「エスカレーターは」と意味不明なことを口走り、自分の声で目が覚めて真っ赤になったこともあります。立って教えながら居眠りしたのです。

本当に子育てをどう切り抜けるか、真剣に悩みました。今ならばイクメンパパという用語もあるぐらいで、夫が育児をやるのはむしろ当然と思われているでしょう。けれど当時は、「男子厨房に入るべからず」という言葉がまかり通っていた時代で、男性のほとんどは家事を手伝わず、まして、心臓外科医の夫が仕事をサボって育児に参加するなどありえないことでした。

そんなときに素晴らしい助けの手を差し伸べてくれたのが、長野県にいる母親と妹でした。

私たち夫婦ともインフルエンザになったある日は、母が東京まで0歳の娘を迎えに来てくれました。「インフルエンザがうつらないように、治るまで長野県で預かってあげる」というわけです。3週間経って娘を連れて母が東京に来てくれた時点で、夫婦順番にかかったインフルエンザも治っていました。

女性が仕事をもつこと、仕事をもちながら結婚すること、そこまではわりにシンプルにクリアできるのですが、さて出産となると、やはりどこかにしわ寄せがいきます。長野県まで0歳の娘を連れて帰ったり、私の母や妹がまたその娘を連れて上京してくれたりと、多くの協力を実家からもらいながら、やっと娘が2歳になった記憶があります。

心臓外科医の夫は本当に激務でした。たまの休日に夫が家にいるときは、娘の遊び相手をしてくれましたが、そんな日は1年のうちに数えるほどしかなかったのです。

今、さまざまな育児に関する研究が進み、出産から1歳になるまでに夫が子育てを分担した夫婦のほうが、のちになって離婚率が低いという論文が出ています。なるほどと、うなずかされます。私自身がその例です。子どもが生まれてから育児を一方的に負担していた私は、やがて42歳になって、娘の大学合格通知を受け取った日に、離婚の申し出という形で、20年間の結婚生活に終止符を打ったのですから。


今は素敵なイクメンパパの時代です。だから、子育てと母親の自己実現を両立させることは昔よりもハードルが低いでしょう。でも、小さな子供を抱えての離婚などという場合では、これまた常に母であることの重さは女性についてまわります。

「大丈夫、いつだってゼロスタート」と、私の例も思い出しながら、しなやかに切り抜けてください。

4 30歳のコブ付き大学院生の泣き笑い

現在、団塊の世代が一斉に60代後半になり、大学に戻って勉強するのがトレンドの一つになっています。タレントの萩本欽一《はぎもときんいち》さん（きんちゃん）の大学入学も、そんな人々の大きな後押しになっています。

実は私は、30年前のお母さん大学生の走りです。

娘が小学校1年生になるときは、大学院に入る私の夢を実現するときです。上智大学大学院で英米文学研究科に入り、そこでアメリカ演劇の研究をするつもりでした。

その前に入学試験を突破しないとなりません。願書をよく見たら、なんと英語の他に、第二外国語と書いてあるではありませんか。これにはびっくり。信州大学で4年間習ったのはドイツ語でしたが、どうやら私のドイツ語は錆《さ》びついている上に、音声があまり美しいとは感じられません。それよりも、フランス語のほうが格好よく見えました。

でも、フランス語で大学院を受験するには、まったくの独学をするしかありません。小さな子どもがいるから、ゆっくりと語学学校に通うわけにいかないのです。そこで、御茶ノ水にあるアテネ・フランセで、１週間集中講義を受けました。その後は全部、ＮＨＫラジオテキストの独学です。

そして当日、フランス語の試験で、のちになって当時の入試担当教授だった渡部昇一先生がよく笑った「珍改訳」を私はやってのけました。当日猛烈にあがっていたこともあって、スタンダールの『恋愛論』の翻訳で大文字と小文字を間違えて、読んで「スタンダード」だと思い、「標準的恋愛論」と書いたのです。しかもそれが何ヶ所かあるので、実際に合格してから、渡部先生や何人かの先生に「標準的恋愛論の佐藤さん」とからかわれたものです。

それでも、子どもが小学校１年生になると同時に、自分は上智大学大学院の１年生。夢はやっと叶ったのでした。

でも、困りました。みなさん、とても若いのです。この８歳も年の若い人たちについていくのですから大変なことです。わからないところは恥を忍《しの》んでみんなに聞いて、「なにしろコブ付き大学院生だから助けてね」と開き直りました。

当時のヨセフ・ピタウ学長も「あなたのようにお母さんが勉強して大学院を出るのは大

変だけど、素晴らしいことですよ」と学長室で励ましてもくれました。

そしてさらに、おもしろいことが起きたのです。「日曜日はベビーシッターも休みで、予習復習の時間がない」とクラスメイトに相談したところ、なんと男子学生たちが、「日曜日に子どもと遊んであげるから、その間に勉強したら？」などと言い出してくれました。

娘と一緒に、近くの遊園地に行って遊んでくれたり、ずいぶんクラスメイトの男性たちにはお世話になりました。こうやって子どもはみんなの力を借りて育つものだ、ということもそのときにわかりました。みんなの情けが本当にありがたく、私はなんとか上智大学大学院の修士課程2年と博士課程（3年、留学を交えて4年）を卒業することができたのでした。

今でもそのときの周囲の温かさを忘れません。感謝で泣きながら、学校に行けば笑っている、そういう6年間でした。私の成績はオールA。母や妹や仲間と取ったAでした。

5 ニューヨーク単身留学の裏事情

今、私の勤務先の日本大学芸術学部は、海外留学を推奨しても行きたがらない学生が増えたことが問題になっています。でも、30年前はまるで違いました。みんな海外に留学したがっていました。なぜなら、新しい学門、特にコミュニケーション系の学問は常に、欧米の方がリードしていたからです。

1年生の娘を育てながら上智大学でアメリカ演劇の勉強をしているうちに、どうしてもその内容に物足りなくなりました。

演劇の台本は脚本家がいて、演出家がいて、照明係も衣装係もいて、俳優がいる。そうやって予定通りに展開します。でも、実人生はどうでしょうか。とてもシナリオ通りには展開しないし、自分は自分の人生の主人公として洋服を決め、台詞《せりふ》も決め、だれかに会ったその当日は、何役もこなす俳優にもならなくてはいけない。三位一体どころか何役も一気にやる実人生。

しかもそこには、「相手にどのように思われたいか」とか、「何の仕事に就《つ》きたいか」などの何らかの目的があり、それによって演技性が決定されている。もしも日常の演技性を研究する大学院があったら、舞台研究よりはるかにおもしろいに違いない。そう私は考えたのです。

そこで赤坂に当時あったアメリカ合衆国教育委員会（現在の日米教育委員会〝フルブラ

イト・ジャパン〟）の図書室に通い、アメリカの大学のカタログを調べました。すると、あったのです。

1979年からニューヨーク大学大学院で、それまで演劇学科だった内容を改定してパフォーマンス研究学科にする、しかもそこには、日常の演技性を研究するリチャード・シェクナーという世界の第一人者がいる、と出たではありませんか。

これは一大事。私はすぐにニューヨーク大学のリチャード・シェクナー教授に手紙を送りました。

「私は日本の主婦で大学院生です。あなたのセミナーの生徒にしてください」。当然、向こうはびっくりです。「英語能力は？」。「TOEIC、TOEFL のスコアはニューヨーク大学のレベルに達していません」。そんなやりとりが続いて、何度も手紙を出してもちっとも結論の返事をくれないシェクナー教授に、「引き受けないなら引き受けないで、理由だけは教えてほしい」と20回目あたりに書いた次の返事が、「ＯＫ、あなたを引き受ける」でした。

さて、問題は子どもです。娘は小学校3年生になっていました。

夫はもちろん火を噴《ふ》いて反対。「どうしてもニューヨークに行くなら離婚届を書いて行け」。おまけに長野県にいる父も大反対。「婿殿が言うのはもっともなことだ。離婚届を書いてお父さんに預けなさい」と父もカンカン。

そのとき、唯一味方をしてくれたのが母でした。「思うようにやりなさい。あとで後悔するよりいい。美樹（娘の名前）は1年間、松本開智小学校に転校させて、私が面倒を見てあげます。でも、その分一生懸命にやらないとダメだよ」と、私の留学を応援してくれたのです。

私は32歳。母は59歳、娘は8歳で3年生。どんなに大変な決断だったことでしょうか。自分が母のようなことができるか、とても自信がありません。

こうやってまたもや母に助けられ、ニューヨーク大学に留学したのが32歳でした。１９７９年、世界のパフォーマンス研究学科第1期卒業生です。２年かけて取る修士号ですが、とてもそんな時間は許されません。

夫や家族に約束したのは「1年以内」だったので、それを守る義務があります。しかも反対されながら来ているのだから、お金も何とか預金だけで工面しなければなりません。

私が選んだ住居はワシントン・スクエアの中、大学敷地内の学生寮ジャドソンホールでした。数年前に殺人もあったという古くて汚い暗い建物です。近い、安い、と考えたら選択の余地なし。ここが私のすみかとなりました。

男女混合、おまけにシャワールームはビニールカーテン1枚で、さあ入ろうと思うと中から黒人の大きな男子学生が突然バスタオル1枚で出てくる。スリル満点でした。部屋はたった3畳間です。机の下にベッドの足の部分が入る仕組みです。

大きな部屋もあったのですが、先着順なので、新入生は大体3畳間でした。世界20ヶ国の学生が同居していて、学食はミールカードでとても安い。私はみなさんのようにのんびりできない。離婚届と娘が日本に残っている。だから夜中2時まであいている図書館で勉強してそのまま寮に戻ってジーパンで寝るという毎日。思えば32歳だからできたわざでした。

おまけにブロードウェイや、9・11のテロ事件が起きた世界貿易センター界隈の小さな劇場に、帰国するまで100本近い劇を見に行きました。お金は当然足りなくなります。やむなく日本から持参した浴衣と茶道具一式でワシントンスクエアの公園で野点《のだて》(野外で自然の風物に接しながら茶をたてること)を披露《ひろう》。これで通行人からだいぶお金をいただきました。出産前に福井県で習得した茶道が、ここで役に立ちました。日本文化を紹介しているので、単なる物乞いとは違います。キチンと野点をして参加してもらって料金をいただいたのです。

一方、長野県の母のもとにいる娘からは、ひらがなぎっしりの手紙がきました。「ママ一人でさみしくない？　美樹はおばあちゃんいるからさみしくないよ」と、近くの湖にスケートに行った絵が描いてありました。読んで、ポロリと涙をこぼしながら「さっさとこちらを片付けないと」と、ますますエンジンがかかりました。

こんなやり方で、なんとか衣食住をまかなって、結果たった1年、いえ、正確に言えば11ヶ月ですべての修士課程の単位を取ることができました。

ここでも、上智大のときと同じくアメリカ人の友人たちが、メチャクチャにがんばる私を応援して、「この本のabstract（要約）はこんな内容だ」とか教えてくれるなど、次々に助けてくれました。結局そのおかげで11ヶ月、気づけばアメリカ人や各国からの学生と並んでオールAで修士課程を卒業していたのです。ただ、論文だけはあとから送るという約束になっていました。

夫に預けた離婚届が出されているのではないかと心配しながら、日本に帰ってきたのです。

帰国した私に、リチャード・シェクナーから手紙が届いていました。「Ayako, energetic gal」、これはニューヨーク大にいた頃に私についたあだ名です。「エネルギッシュな女の子」とでもいいましょうか。「早く修士論文を送ってきなさい。君の論文を待っているよ」。「まさか」と自分の目を疑い、何度も手紙を読み直しました。発言力が弱くて、半年終わったときに呼び出されて「自分の授業が気に入らないのか」と、叱られた私です。「発言しないならば頭の中が空っぽだと思うしかない。言葉はどうでもいいから発言しろ」。そんなふうに言われて、闇雲《やみくも》に発言していました。

シェクナーの手紙には、「君の論文を待っているよ。キャロルとともにwith Love」と書いてありました。シェクナーは離婚してサムという小さな男の子がいました。その男の子を引き取って、キャロルという私のクラスメイトだったアメリカ人の女性と、ちょうど再婚するつもりで付き合っていたのです。いつもジーパンでカッコよかったです。

娘が長野県の小学校に転校して、小さな身体で「皆さんよろしく」と挨拶しているのを、教室の後ろの柱の陰で泣きながら見て出発した32歳の単身ニューヨーク留学は、その後の私の人生を大きく変えることになりました。

そこから私はパフォーマンス学という新しい人生へのテープを切ったからです。私の32歳と33歳はこんな激動の時代だったのです。人生の旅として船下り期でたとえれば、第一期船下り期です。ここで踏みこらえることができるか、激流に流されて自分の道を見失うか、30代は大事な時期です。

ごく最近になって、講演先で「佐藤さんのニューヨーク留学記の本を読んでから、30年もの間、人生の励みにしてきました」という女性たちと次々に再会しています。みんな人生を充実させて生きていたいと思っているのです。そのときに、まったくのゼロベースでなんでも切り開いてきた私の体験を励みにしてくれているのでしょう。そのことにとても感謝しています。

⑥「ありえない」ことを「ある」にしていく人生

あなたの周りにもきっといるでしょう。何かを頼むと「あのー、それはやったことがないので……」と尻り込みして断る人が。

そういう人は、だれか前の人がつけてくれたシュプール（チャリビア）のあとを行くことだけが安心で、他は嫌がる人です。心理学的には「変化欲求」が乏《とぼ》しく「秩序欲求」が強いタイプです。

日本ではまだだれもやっていないパフォーマンス学を専攻して、ニューヨーク大学大学院を卒業し帰国した私に、「11ヶ月で修士を取ったお母さん留学生のことを新聞に書いてみたら？」と友人の中井妙子《たえこ》さんが勧めてくれました。彼女は私のジョギング仲間でした。そして、朝日新聞の当時学芸部長だった池田昌二さんを紹介してくれたのです。

とてもありがたくて、ニューヨークでの出来事をぎっしり原稿に書いて池田さんのもとにもっていったら、「紙面にのせられるかどうかはわからないですが、これだけたくさんあったら、上下2日間は必要ですね」と言って、なんとなく微笑んだような感じがしました。緊張して待つこと10日間。幸運なことに、その記事の採用が決まりました。上下シリーズで「お母さん学生のニューヨーク記」でした。

自分のことが書かれた人生初の新聞記事ですから、穴のあくほど読み返しました。そしてこの記事が、また人生を変えたのです。

新聞記事を読んだ翌日に、追い風に吹かれるような勢いで私の自宅にすっ飛んで来たのは、グラフ社の編集者、富重隆昭《とみしげたかあき》さんでした。彼はまだ30代でした。彼は33歳の私に言ったのです。「昨日読んだ朝日新聞の上下の記事を1冊の単行本に書いてください」。

まさか、と耳を疑いました。そんなことができるのか？

また母の声がこだまします。「教師になりなさい。本を書く人になりなさい」。25年も前の言葉でした。そうだ、これがチャンスだ。「はい、書きます」と直ちに引き受け、ニューヨーク1年間の話とパフォーマンス学のことを書こうと話したのです。

すると富重さんはこう言いました。「いえいえ、ニューヨークの話は昨日新聞で読んだから。そうではなくて、『愛して学んで仕事して』、という三つの内容が入っている本がいいです」。「あらまあ、そのタイトルは素敵ですね」と二人で一気に決定してしまいました。

でも、当時の私はまったく知らなかったのですが、一人の編集者がどれだけ意気込んでも、上司の許可がなければ本になりません。富重さんはグラフ社の社長に交渉しました。「この本は絶対売れます。もし売れなかったら会社を辞めます」と。実際にまだ原稿もないのにそんなことを言ってしまったので、私も猛烈な責任を感じて、連日連夜、この本を書き続けました。

デビュー作『愛して学んで仕事して』は1981年にこうして世に出たのです。そして、だれも想像しなかったことですが、この本はたくさんの女性たちの支持を得ました。あっという間に6刷になり、おまけに第2版が出たときには、日本図書館協会選定図書にも選ばれました。母校の松本蟻ヶ崎高校に「輝く先輩」として文化祭の講演に呼ばれたり、信越放送のテレビが取材に来たり、テレビ朝日が取材に来たりと、私の人生は大きく変わっていったのです。

たくさんの若い女性たちからお手紙が来て、「人生のヒントをもらいました。がんばってください」と書いてあったりもしました。本当にそれは嬉しかったのですが、「私はやっぱりパフォーマンス学のことを本にしなければいけない」と強く思ってもいました。

自分の使命は、1979年、ニューヨーク大学大学院に留学をしたときからはっきりと決まっていました。「パフォーマンス学の普及」です。日常生活の中で人間がどんな自己表現をしていくか、その研究と普及を進めることが自分の人生の意味なのだと思ったのです。もちろん、子育てや家庭も維持しながら。のちになって、それがどんな大変なことかわかるのですが、30代前半は闘志満々、それでいけると思い込んでいました。

「そもそも、あうんの呼吸で話が通じて、全部言わないのが日本人の美学なのに、わざわざ自己表現の研究をするのですか」。１９８０年にパフォーマンス学研究を前面に出した私に、周りの人たちはずいぶん批判的でした。

とくに一番批判的だったのは、心理学関係の学者たちです。「パフォーマンス学って何のこと？　大道芸のこと？　それとも、見せかけや、まやかしや、ええカッコしいのことですか」などと、言いたい放題に批判されました。それでも、なんとか耐えたのです。


そして、ついにそのときがやってきました。１９８1年、帰国から1年後の34歳、『愛して学んで仕事して』の筆者である私は、玉川学園大学で非常勤講師のコマを一つゲットすることに成功したのです。どうやってですかって？　あらゆるつてをたどって、直接小原学長に面談に行き、パフォーマンス学の素晴らしさを一生懸命話したのです。

あきれ返った小原先生は、「次の大きな学生の集会のときにその話をしていいですよ。もしも来年、非常勤講師のコマがあったら、1コマあなたがもらえるかもしれません」と含みのあるお返事でした。

実際に、何かの学生集会があり、私はパフォーマンス学の話を彼らに熱心にしました。大学から採用の連絡をいただいたのはそのあとです。

「日本にパフォーマンス学なんてありえない」とか、「子どもを置いてニューヨークに行くなんてけしからん」などといろいろなことを言われて、今までありえなかったことを「ある」にしていく私の人生はこうやって試練の連続で30代前半が過ぎていったのです。

世の中には50代に至るまで何の試練もなく進める人もいるかもしれません。そのほうがラクに決まっています。でも、苦労を乗り越える中で、たくさんのことを学ぶのも事実です。「若いときの苦労は買ってでもしろ」ということわざは、きっと、この苦労の成果をいうのでしょう。

第4章
目の前に限界をつくらない

どんなジャックにもジルがいる（ことわざ）

Every Jack has his Jill

周りには素晴らしい人がたくさんいます。
でも結局、人は自分の目線に合った人にしか出会えません。
もし出会っても見落とすからです。
まず自分の関心、自分の目線を高く上げましょう。
新しい未知の世界が見えてきます。

1 優れた男性との出会いは人生をおもしろくする

同性の友情はお互いに共通の苦労があるだけに長続きします。一方、異性の友情になるとすぐに「イロコイ」で判断するのが日本人の男女観の未熟なところでしょう。いわゆる男女愛（エロス）だけでなくて男女の友情や同志愛、そしてもちろんそこから発生する強い愛情関係や尊敬による愛（アガペ）は、人生をおもしろくする大事な要素だと私は思います。

１９８３年、36歳のある日、またもや私の運命を分けることが起きました。女性のための月刊誌「ＳＡＹ」を創刊した青春出版社の小澤和一《おざわかずいち》社長が長野県松本市の出身だとだれかに聞いたので、会いに行って、パフォーマンス学の話を聞いてもらおうと思ったのです。

今度はだれの紹介もありませんでした。ただ、前々年の１９８１年のデビュー作『愛して学んで仕事して』が思いがけず6万部を売り上げ、その翌年に文藝春秋社から出版された『マンハッタン母学生』でニューヨーク大学卒業者としての私の名前も知られ、さらにその翌年に講談社からの『自分育てのすすめ』が3万部売れて、「自分育て」という言葉がずいぶんと流行《はや》りだしていました。私は無謀にも女性誌の連載をしてパフォーマンス学をアピールしたいと思っていました。

そんなわけで、3年間に出した3冊の本をもって同じ故郷（長野県）出身の小澤社長に会いに行ったのです。新宿区余丁町にあるその会社にたどり着いたとき、私は赤いニットのスーツを着て、なるべく元気で明るい、しかも信州人として活気に満ちた顔をしていようと思って、それでも内心ビクビクしながら社長室に入っていきました。青春出版社社長、小澤和一氏との初対面の瞬間です。

そのとき、社長は思ったそうです。「あ、小学校時代に僕をかわいがってくれた女の先生にそっくりだ」と。

彼は幼少で両親を失い、親戚に預けられて苦学して高校を卒業して、単身上京し、『あゝ野麦峠』で有名になった作家の家に転がり込んで、やがて出版社を一人で創設した立志伝中の人物です。彼の思い出の中で唯一優しかったのがその小学校の先生で、いつもお弁当のおかずをわけてくれたとのこと。その話には苦労して生きてきた人ゆえの温かさがありました。話をするうちに、「うちの『ＳＡＹ』で連載を書いてみたらどうですか」と、社長が言うではありませんか。飛び上がるほどビックリしました。

それをお願いしたくて来たのですから。喜んでお受けしました。こうして創刊2号目から私の7年間に及ぶ「ＳＡＹ」の連載が開始しました。なんと素晴らしい方なのだろうと感謝の気持ちでいっぱいでした。

そして、翌年１９８４年、37歳の私は、青春出版社から最初の単行本、『今日のままの明日でいいの？』を出しました。これはアメリカの美人作家ジョイス・ジルソンの本の翻訳物です。訳しているうちに驚きました。彼女の考え方と私の考え方がまったくといっていいほど同じだったのです。「世の中の自分に対する扱いが悪いといって非難していても何も始まらない。自分から行動していこう」という彼女の説は、本当に私の気持ちでもありました。

そうやって本が出てから、ふと小澤社長が言ったのです。「あなたはパフォーマンス学の本を出したいと1年間言ってきたけれど、今出さないで、あなたよりパフォーマンス学の知識もない他の人がその本を出してしまってもいいのかな？」と。

これには金づちでガンと頭を叩かれたようなショックを受けました。「今、私がパフォーマンス学の本を出さなければ、だれかが書くかもしれない。まさか、だれが？　日本でパフォーマンス学を私以上に勉強している人はいないはずだ」。

そして、とっさに答えました。「出させてください。タイトルは『パフォーマンス人間の時代』ではいかがですか」と。「いいでしょう」と、小澤社長は快諾《かいだく》してくれました。

そして、1985年、『パフォーマンス人間の時代』が青春出版社から出版されました。私は38歳。幸い、この単語はこの年の流行語の一つに選ばれ、しかもさらにおまけがついてきました。この本を当時の中曽根首相が読んだとのこと。そして、自民党本部のどなたかから電話がかかってきました。「パフォーマンス学の説明をしに来てください」というのです。森喜朗先生はじめ、自民党の議員さんたちの個人指導がこのあたりからぽつぽつと開始されました。

しかも幸運なことに、『パフォーマンス人間の時代』は、1985年の初版とその次の重版で7万部を売り上げたのです。全国で7万人の人が「パフォーマンス」という単語を知ってくださった。小澤社長の決断が私をパフォーマンス学の専門家として世に出してくれたのです。これほど嬉しいことはありませんでした。しかも彼は、「パフォーマンス」という単語を司法書士を通して商標登録することを私に勧《すす》めたのです。「自己表現学」「個性表現学」もおまけに取っておくようにと言われて、そのとおりにしました。

「あなたは一生懸命に伸びていく女性だから」が彼の私への応援の理由でした。私も同性としてそういう女性が好きです。結論的に言えば、20代でも80代でも、一生懸命に伸びていく女はいい女でしょう。

でも、その伸びていく女の陰には、どうやら優れた男性がいるのです。「今、この本を出しなさい」とか「商標登録しなさい」と背中を押してくれるような、酸いも甘いも嚙《か》み分けた大人の男性たちです。

その後も政界、財界の素晴らしい男性リーダーたちと巡り会うことになっていくのですが、どんな方と会っても、毎回猛烈に学ぶことがありました。女性としての私の視野は彼らとの交流でイヤでも広がるのがわかりました。家に帰って関連資料を調べてから次に会うような素晴らしい専門知識と人情のある男性たちばかりでした。

女性の目線は、こうやって優れた異性に学びながら自然に上がるに違いありません。

2 男社会で女が教授になるときの壁

40歳で実践女子大学の助教授になり、娘が16歳の高校生のときに、私はさらに強い不安に襲われました。当時は助教授から教授になるのには最短でも4、5年はかかるというのが相場でした。けれど、女子大なのに男子教授の勢力が圧倒的に強いのです。おじいさま教授たちは、40歳の助教授の私にこう言いました。「あなたが教授になるには、男性の10倍は努力しないとダメですね」。いかにももっともそうに言うのです。けれど、その言葉からもわかるように、実際に大変な男尊女卑《だんそんじょひ》の世界だったのです。

それを変えようとする教授も多く、当時、それまでの実践女子大学の歴史を大きく破って女性の飯塚先生が学長に就任したのを機に、ぜひ大学院博士課程を新設しようと学長と私を含む女性教授4人が夢を語り合いました。

当時私は、生活文化学科でパフォーマンス学を担当。仲良しのK先生は助教授で民法のプロ、才色兼備という言葉は彼女のためにあると思わされるような、美しくて頭が切れる人でした。もう一人の先生は、神学博士のクリスチャンで教授。これまた才色兼備です。

学長を含むこの4人は、当時の実践女子大学の全女性教授です。学校改革の夢もあり、気が合いました。

男性助教授の3倍の論文数、つまり男性助教授が1年に1本論文を出すならば、1年に3本の論文を専門学会誌に発表して、助教授年を経て教授になっていた私は、K先生を早くに教授に昇格させて、大学院づくりを本格的にやりたいと思っていたのです。「ぜひ、実践女子大学生活科学部に博士号をつくろう」が飯塚学長と女性教授二人、助教授一人の、4人の女性たちの合言葉でした。毎回の教授会が2時間近くにもなって、もめることもしばしばでしたが、がんばっていたのです。

ある論争のとき、男性教授がK先生の理路整然とした提案に腹を立てて、わざわざ聞こえるように小声で言ったのです。「ふん、若後家《わかごけ》め」。これは確実に彼女の耳に届いていました。でも、民法専門の弁護士資格もある彼女は冷静にその言葉を聞き流し、何気ない顔で自分の発言を続けたのです。

おさまらなかったのは横にいた私です。その男性教授に向かって、「○○先生、暴言を謝罪してください」と。「何を」とその教授は私をにらみ、「僕はあんたが大嫌いですよ」

と、今度は私にホコ先が向かってきました。私も言いました。「私も先生が嫌いです」。飯塚学長が止めにはいりました。すると今度は、この男性教授の仲間が「学長ダマレ！」と暴言。まったく、これが当時の由緒ある女子大の、民間からの横滑り人事で大学を牛耳《ぎゅうじ》っていたたった数人の男性陣の発言だったのです。このとき、私たち4人は、自分たちがこの大学で仕事を続けていくことに対する気持ちの変化をはっきり認識しました。「改革は無理」と断念したのです。

ちょうど私には日本大学芸術学部から、博士課程の教授として移籍しないかというお誘いが何度かきているときでした。そのお誘いがきたときに辞める決心をしたのは、このような実践女子大学での15年間に及ぶ男性社会での苦労が身にしみていたからでもあります。

歴史の古い女子大は、本当に、傍《はた》からは女性の城のように見えますが、女性ゆえの苦労があるものです。

結局、K先生は法律専門の大学院へ、もう一人の神学の教授は他の大学の学長として転出。飯塚学長はこれを機に退職、私は日本大学芸術学部で博士号を出す教授として、みんなほぼ同時に実践女子大学を旅立ったのです。

当時、娘は四谷にある雙葉《ふたば》高校に入っていたので、母親が専業主婦の方が多く、わりに優雅な生活をしている家庭が平均的な様子でした。だから、毎日血相を変えて論文を書く母親がよほど不思議に思えたらしく、「真夜中まで机にかじりついていて、ママって幸せなの？」と聞かれたことがあります。「そうよ、幸せよ。目的があるから」と答えました。

でも、あとで考えたら、高校生になった娘はそんな母親の姿を当時どう思っていたのか、なかなか不安があるところで、いまだその質問を発することができないまま、時が過ぎています。

3　20年の結婚生活に終止符を打ったとき

各地の女性対象の講演会やセミナーで私の話を聞いたあと、何人かの女性たちから共通した質問を受けることがあります。

「主人とは価値観が違い、一緒にいないほうがいいとわかっています。でも、離婚するには特別なエネルギーがいるのではありませんか？　そう思って何年間も悩んでいます」というものです。

「離婚したほうが自分らしく生きられるとわかっていても、当たらず障らずうまくやるのが賢明かと思って、毎日適当に仕事と両立していますが、そのために仕事に集中できません」。

人間はなんとわがままでしょうか？　両立が矛盾する2つのものを両方ほしいと思うのですから。キャンデーを手にもって、そのキャンデーをなめながらもキャンデーが少しも減らないことを望んでいるような感じです。

でも、本当に結婚生活と自分らしく生きることの両立が無理ならば、いつかどちらかを選択するしかないときもあります。

私もそうでした。教授になるための論文をガンガン書きながら、娘が高校2年になったとき、私はついに決心しました。「この子が希望の大学受験をして合格通知をもらったら、私は夫に離婚届を出そう」と。その理由は意外にシンプルでした。

心臓外科医の妻で医師以外の専門職業をもっている妻は、彼の周りでは皆無でした。たった一人だけ、妻も同じように医師という同僚がいて仲のいいおしどりカップルでした。でも、これは当時では本当に例外だったのです。

夫の上司で心臓外科医日本一の評価をもつ榊原仟《さかきばらしげる》教授が自宅でパーティーを開いたときに、夫婦で招かれたことがあります。周りを見回したら、招かれた夫人の全員が専業主婦で、着物を着たり、美しくドレスアップしていました。普通のスーツで行ったのは私ぐらいです。そこで話された会話も、夫や家族の自慢が多く、どうしても私にはおもしろいと思えない内容でした。

「自分の人生はどこにあるのだろう。生涯夫に反対されながらパフォーマンス学を続けていくのは、もしかしたら自分のエネルギーの無駄遣いになるかもしれない。パフォーマンス学が自分一生の使命だと決めたのに、このままでは使命を果たせない。家庭も大事で子どもも大事。一体私はどうしたらいいのだろう……」。考えれば考えるほど、頭の中が混乱しました。

でも、そのまま家庭を持っていたら、もう存分には仕事ができないことも確かでした。当時の夫は、「仕事をやめてもっと自宅にいる時間を増やすべきだ」と私に強く言うようになっていましたから。「何を考えているんだ。僕の収入では足りないのか」と詰め寄られたこともあります。

悩んだすえに、やはり私は結婚生活に終止符を打とうと決心して、娘が慶応大学の合格通知をもらった日に、夫に、「ごめんなさい。20年の結婚生活を卒業式にしてください」と言いました。彼は「まさか」と驚き、ついには大きな声で怒りました。「僕のどこが悪いんだ」。

でも、そこまでいったらもう平行線でした。「私はもっと自由に仕事がしたい。結婚生活にも多少はあなたの協力が欲しかった。子どもが0歳のときからずっと20年耐えてきた。耐えたことで、自分という人間が42歳までどんどん能力を開花したことは感謝しています。住居の心配や今後の生活費の心配は一切要りません」。

そんなことをいろいろ言った覚えがあります。外は春でした。

相当にもめるのを覚悟でしたが、彼も私の決心が固いことがわかったのでしょう。２ヶ月後のゴールデンウィークに、無事に話し合いだけで離婚が成立しました。

そして、念願の会社設立に向けて始動したのです。

離婚してすぐに、青春出版社の1室を無料で借りて株式会社国際パフォーマンス研究所を発足させました。株式資金の１００万円は自分の貯金です。社員は私の他はたった１人の女子社員だけ。でも、とてもハッピーでした。だれにも遠慮しないで、42歳の私は堂々とパフォーマンス学のために人に会い、電話を取り、研修に出かけ、取材に応じることができたのですから。

人生をうまくやる方法は人それぞれでしょう。でも、不満をならべながら40代の年月を過ごすならば、腹をくくる潮時を探して、自分の人生を切り拓くのも生き方です。

４ 本気の人にはつきものの度胸試し

そして、離婚した翌年、国際パフォーマンス学会を日本初の産学協同体制の形でスタートさせました。そのために、たくさんの人に会い、スタート時の理事就任のお願いをしたり、定款をつくるために法律の勉強をしたり、資金集めが必要でした。

さて、どうしたものか。そこで相談にいったのがアサヒビール社長だった樋口《ひぐち》廣太《こうた》郎《ろう》氏のところです。その前に雑誌対談で会っていましたから、秘書を通してアポ成立。

ところが当日、アサヒビール本社に行って足がすくみました。受付から社長室に行くまでに反対されるだろうな、と不安がわいて逃げ帰りたくなったのです。でも、勇気を出して「日本人の自己表現教育向上のための国際パフォーマンス学会を立ち上げるので、どうか会長になってください」とお願いしたのです。「冗談じゃない。なんで僕がそんなことをやらなきゃいけないの」と、樋口さんはにべもなく「ノー」を言いました。

それでもあきらめる気はありませんでした。いつかまたお話しに行こうと思っているうちに、なんと、長野駅のホームでばったり会ってしまったのです。何かの講演のお帰りとのこと。私も長野市で講演をした帰りでした。

見たら、グリーン席の彼の隣の席が空いています。「座ってよろしいですか」と聞いたら、なんとなく「いいよ」と聞こえたので、そのまま座り込みました。当時は長野新幹線はまだなくて、長野から出た列車は上野が終着駅です。

上野駅に着くまでの2時間あまり「これからの時代、日本人の自己表現能力はますます必要となってくる。だから私は、国際パフォーマンス学会を立ち上げたい」という話をし続けました。結局、上野駅に降りた樋口さんはおっしゃったのです。「グローバル化社会になり自己表現力が必要だというあなたの主張はわかった。会長を引き受けてあげましょう。ただし時限立法だ。1年間だけだ」。

なんとありがたい一言だったでしょうか。「ありがとうございます。お金は全部自分で集めます」などと思わず口走っていました。

そのあと樋口会長は、あちこちの講演先でこのように言ってくださったとのこと。「佐藤綾子って女はしつこい女で困ったもんだ。国際パフォーマンス学会という学会をつくるから会長になれと言って、ついに押し切られた。まったく困った女だ」。そうやって一言二言ぼやいたあと、必ずおっしゃるのだそうです。「ひとつ、佐藤さんをよろしくお願いします」。こんな話を後になって二人の人から聞きました。そして、その二人は、国際パフォーマンス学会の法人会員になってくださったのです。

実際、1989年はバブル崩壊がジワジワと忍び寄っていて、1992年に年会費100万円から300万円までの法人会員を募《つの》るというのは、本当にどこをどう走り回っても大変なことでした。その中で樋口さんの口添えは本当に感謝感激でした。

樋口さんには、私が何度か同じことを言ったときに、「さっき聞いた。もしもあんたが男だったら、これで絶交になるところだ。聞こえていることを2度言うもんじゃない」とか「忙しい人には端的《たんてき》に物を言え」などと次々と叱られました。

でも、そうやって叱られながら、私はたくさんのことを学びました。大企業の経営者が毎日どれほどの気苦労をしているかも知り、常に、どの業界でも猛烈に時代のニーズを研究していることも知りました。時事問題や経済新聞を徹底的に読む癖は、このときにつきました。

さて、国際パフォーマンス学会の発足式と記者会見と祝賀会は、ちょうど樋口さんが帝国ホテルの理事をしていらしたので、帝国ホテルで行い、初代会長として樋口さんが記者団に堂々とグローバル化社会の日本人の自己表現力養成のニーズをアピールしてくださいました。本当にありがたいことでした。

しかしその直後、私には大きな試練が降ってわいたのです。小澤社長の知恵と援助をいただきながら会社を設立し、青春出版社の中に部屋ができてがんばって3年目。小澤社長が病気で急死されたのです。

後を継《つ》いだご子息は、「佐藤先生、父とのあいだには賃貸契約書ありますか?」と聞きます。「もちろんありません。無料ですから」。「無料ならば無料と書いた契約書があるでしょう」と言われて、なんだかとても悲しくなりました。創業者である小澤和一社長の許可があれば、契約書などなくても何の問題もおきなかった3年間でしたから。

賃料無料の好意に報いるための「ＳＡＹ」の連載は人気トップを走る7年間でしたし、

他の筆者のキャッチフレーズや企画まで書いて使っていただいていましたが、そんなことの価値を認めてもらえませんでした。そのとき、思いがけない言葉が私の口から飛び出しました。

「わかりました。あなたが大学生のときから見てきたけれど、もう結構です。明日ここを出ていきます」。

さあ、大変です。出たらどこにも行くところがありません。その次の夜、定例的に出ていた「ボンチ会」という奇妙な名前の男性だけの経済研究会の席で、つい下を向いてポロポロと涙をこぼしました。全員男性なのに私はなぜか一人、龍角散《りゅうかくさん》の藤井《ふじい》康男《やすお》社長の強い推薦でこの会の会員になっていたのでした。研究会でみなさんの言葉が耳に入りませんでした。

その様子を見ていて、この会の会長だった帝国警備保障の高花豊《たかはなゆたか》社長が、「なんで泣いてるのですか？　明るいあなたにしては珍しい」と声をかけてくれました。

「お世話になっている青春出版社の小澤社長が昨日急死されました。その事務所に置いてもらうことができなくなりそうです」。

すると高花さんは、「そうだったんですか。当社が持っている第2テイケイビルに1室空いている部屋があり、すでに僕がかわいがっている二人の男性がそこを自分用の事務所として使っていますよ。片隅でよければ、無料でどうぞ」と言うのです。

実は高花社長とは、その前年に、なんと大決心してこの会の仲間でヒマラヤトレッキングに出かけた体験がありました。そこで、日本屈指のプロの登山家・長谷川恒男《はせがわつねお》さんの案内のもと、20人近い男性陣の中で登山家の長谷川夫人の他は、唯一の女性として私が登り、ウルタルⅡ峰の3900メートル地点でキャンプを張り、高花さんに抹茶をたててティーセレモニーをしたのです。内心「なかなかおもしろい女性だ」と思われていたのが幸いしました。

なんとありがたいことでしょうか。小澤社長が亡くなって1週間後、私はすべての事務道具を持って、新宿にある帝国警備保障の第2テイケイビルに会社の引っ越しをしたのでした。このときもまた細かい理由を一切聞かず、ポンと答えを出した高花社長に助けてもらったのです。

「家賃を出すお金がありません」と言うと、「日本人のために働いているあなたから、お金を取る気はありませんよ。3社が一つの部屋に入っているのだから、電話にしてもコピー機にしても仲良く使いなさい」。そう言われてすぐに、新宿御苑に事務所を引っ越したのでした。その新宿御苑の会社で一九九三年に設立したのが「国際パフォーマンス学会」だったのです。

学会設立の翌年、46歳の私は実践女子大学で教授に就任しました。男性の3倍の論文を発表してずいぶんとがんばりました。たぶん、男性であっても女性であっても、専門分野をもったら、そこではフェアに戦うのが一番近道だと思われます。男性上司にうまく取り入ろうとして、おかしなハニートラップを仕掛けたりする女性は、やはり女性からも男性からも最終的には尊敬されないでしょう。女性であることを不利だとして不満を言っている暇があったら仕事にベストを尽くしましょう。

さて、こんな山あり谷ありの日々の中で、学会設立当初からの目標だった5年間の活動を土台として「国際パフォーマンス学会」を社団法人化する課題が待っていました。当時の文部省に何度も足を運びました。おそらく60回くらいは行ったでしょう。「公益社団法人パフォーマンス教育協会を設立したい」と言ったのです。

何度も何度もあたった文部省の役人たちは、半年も経てば担当が代わり、「あなたの話は前者から引き継いでいません」と言います。あげくに、床からうず高く積み上げた紙束を指差して、「お宅よりも前にこんなにたくさんの人が待っているのですよ」と叱ったりもします。

もう八方塞《ふさ》がりだと思った私は、あるとき、「そうですか。そんなふうに積み上げてあることを自慢するようでは職務怠慢《たいまん》というものでしょう。私は幸か不幸か、いくつかの新聞で原稿を書く機会にいつも恵まれていますから、文部省のありのままをいっぱい書くことにします。もうお願いしません。さようなら」と言って、バタンと出口の戸を閉めました。

これで慌《あわ》てたのは、同行してくださっていた立正大学の福岡克也《ふくおかかつや》先生です。福岡教授は外に出るなり私のスーツの上着を引っ張って、「佐藤さん、すぐに引き返してお役人に謝りなさい。とんでもないことになる。第一、これで実践女子大学を辞めますとは何事ですか。本当にクビになりますよ」。

でも、ちょうどそんなことを言っているときに、どこかの部屋からジャズの音が聞こえたのです。部屋の主は、生涯学習局長の草原克豪《くさはらかつひで》さんでした。偶然、彼が出てきましたから、局長に直訴《じきそ》という形になりました。

すると、局長は笑いながらおっしゃったのです。「パフォーマンスという言葉をあなたが今使わなくて、だれかがパフォーマンス教育協会といったら、さぞかし悔しがるでしょう。自己表現教育協会といえば、うちの省でも通るかもしれないけれど、なにしろパフォーマンス学というのですからね」と、なんとなく笑っています。

結果、１週間後に、「公益社団法人パフォーマンス教育協会」認可のお知らせをいただくことになったのです。ここでも先見性のある男性に救われました。

あとで聞くと、彼はアメリカ留学の経験も長く、文部省でも指折りのグローバル人間だったようです。のちになって彼がある大学の学長になり、パーティーでばったり会ったときに挨拶をしたら「ああ、あの佐藤さんですね。よく覚えています。もし僕が止めても、あなたはきっとあきらめないだろうと思ったから応援しましたよ」とのお返事。

やはり、本気で何かをやるならば度胸試し的な大変な試練の一つや二つはつきものでしょう。あきらめないことが一番の打開策です。

5 54歳の博士号と母の死と11年の愛の破綻

会社を作った。社団法人を作った。そして、1994年には社会人のための「佐藤綾子のパフォーマンス学講座」もスタートした。事務所は、高花社長のご厚意で新宿御苑に設けることができました。最初の3年間を家賃無料にしていただいたおかげで、4年目からは月30万円の家賃が払える力もついていました。

49歳を機に「博士号を人に出すなら、まず自分がとっていなくてはならない」と考えて大崎にある立正大学の科目等履修生として登録して、実践女子大学の教授をしながら週1回は学生もやっていました。

心理学で博士号をとるのは大変だけど、将来「パフォーマンス学」と「心理学」をドッキングさせて「パフォーマンス心理学」としてパフォーマンス学を成長させたい。人間の自己表現の仕組み、簡単にいえば、人からの見え方とその心や性格の関係を研究するものです。日本初の取り組み。「これはおもしろい」。毎日そう思っていました。

考えてみたら、その頃の私の人生は、けっこういい調子に動いていたのでした。でも、ここで私は人生最大の落とし穴に落ちることになりました。

私が53歳になった年の年末、クリスマスに、それまで11年間お付き合いをしていたある男性が突然、「もう僕は君の足を引っ張ることはできない。見えないところに消えることにする」と、よれよれの字で書いた手紙を持って玄関に現れました。

彼のことは後述しますが、離婚後の私を陰に日向《ひなた》に支えてくれていた歯科の開業医でした。彼は、細かい事務仕事や社団法人の立ち上げなど、たくさんのことをサポートしてくれたのです。でも、開業医としての自分の仕事と私へのサポートが両立しにくいくらい、たくさん私のための時間を使っていることも確かでした。

そんな中でクリスマスに、彼は声も出せないくらい衰弱して「文字」でやっとメモを持ってきたのでした。愕然とすると同時に、自分がどれだけ11年間にわたり彼を苦しめていたかをはっきりと思い知りました。

そして、そのことをいつものように長野県の母に相談しようと思った矢先に、母が亡くなりました。

母は今でいえば老人性の鬱《うつ》だったのでしょう。自分の人生の先を虚《むな》しく思い、生きている意味がわからなくなり、毎日「死にたい」しか言わなくなっていました。妹と同居していたので、生活の中で困ったことがあったのではなく、ひたすら自分の未来が不安になり、すぐそばにある死の予感が恐怖だったのだと思われます。

実際に母が亡くなってから荷物を片付けていた妹と私は、たくさんのメモ用紙に書かれた「死にたい」という文字と「娘たちは私にがんばれと言うけれど、何をがんばればいいのか」というよれよれの文字を見て、二人とも涙が止まりませんでした。

若い私たちは、母の絶望に気づかなかったのです。食事をしないし、夜中も眠らない母が、なぜそうなっているかが理解できなかったのです。ついに3月7日、自力で食事も呼吸もできなくなった母は、入院先の病院で言葉を交わすこともなく、亡くなってしまいました。

妹はつきっきりで母の介護をしていました。私はといえば、49歳の時点で、自分はだれかにパフォーマンス学の博士号を出そうと思い、立正大学大学院に再入学し、博士論文を書き始め、その論文を5年がかりで書き上げて、ついに54歳になった3月末日付けで博士号受理が決まりました。母の死とほぼ同時です。

実質上のパートナーとの別離、母親との永遠の別れ。それなのに5年がかりの大論文が認められてパフォーマンス学で博士号が発行される。いってみれば1勝2敗の人生のような感じでした。私の人生がガラガラと崩れ落ちる音が聞こえました。

わけても、何かにつけて相談してきた母がそれだけ孤独の思いに苛《さいな》まれていることを一切知らなかった私。「お姉さんは論文に集中していいよ」という妹の言葉に甘えて、週末に病院を訪ねるぐらいで何もしなかった自分を痛烈に責めました。「生きているのが申し訳ない。博士号をもらうのも申し訳ない。これで心理学領域で博士号を取る資格があるのか。パフォーマンス学のパイオニアとは、こんな無残な結果に陥《おちい》ることだったのか……」。世の中を呪う気持ちでした。

それでも淡々と、博士号祝賀会の日がやってきました。3月末日、博士号の授与式には、妹が黒枠に母の写真がはいった遺影を持って参加してくれました。立正大学はお坊さんの学校です。袈裟《けさ》をかけた僧侶も祝福のスピーチをしました。またしても喪主を務めた母の葬儀を連想しました。お祝いのスピーチが耳の底でこだましながら、ほとんど嵐の音のように不安でした。

続いて7月には、友人たちがもともと企画してくれた博士号の祝賀パーティーです。長いお付き合いの国会議員の方々、森喜朗先生や中川秀直先生も駆けつけて、「僕は佐藤さんの生徒ですよ」とスピーチして笑わせながら、にぎやかに祝賀会が終わろうとしています。

私はついにめまいがしてきました。自分は一体何ということをしたのだろう。5年間論文に夢中になっていて、一番愛する母の悲しみにも気づかず、自分を気遣って、そのために体力を消耗し切った男性の「燃え尽き症候群」にも気づかず、自分のことしか考えていなかった。まったく責められても当然の人間だ。

地面がグラグラと崩れ落ちる感触がしました。友人の内海正夫さんがちょうど会場に出席していて、「綾子さん、僕が自分の車で送るから、ここはみなさんに任せて急いで家に帰ろう」と妹と娘の了解をとって私を車に乗せて、世田谷のマンションまで帰宅。ベッドに倒れ込んだところから記憶がないのです。まさに誇りと活動の頂点から、絶望と自己嫌悪のどん底に落ちた54歳のある日でした。

連日嘔吐や下痢を繰り返しながら、自分を責めました。そして、母についていろいろ考えました。文学少女だった母は、青春期に横浜・桜木町にあった松下電器に就職し、ミス松下に選ばれたりした美人です。

年をとって70代になったときも、「本当に美しい人ですね」と近所や周りの人から言われ、私たち姉妹の誇りでした。そんな母は、自分がなりたかった教師になる夢を長女である私に託《たく》し、妹にも同じように「人を教える人になりなさい」と言いました。

その言葉にしたがって私は日大教授になり、妹もまた、保育園園長から２０１６年4月に母校の大学の教授に転身しました。母の夢は、２人の娘によって実現されたと言ってもいいでしょう。

そんなふうに子どものためを思い、子どもに夢を託《たく》した母の人生。それは幸せだったのかと、妹と私は母の死後、何十回語り合ったことでしょうか。

「多分、幸せだったんだと思うよ」と妹。「だって『今が一番幸せだよ』とよく私たちに言ってくれたじゃない」。「そうね。でも、それはお母さんの私たちへのリップサービスだったかもしれない。本当はもっと違う不満があったかもしれない。昔の人はそれを口に出さなかったからね。その分、私たちは生き生きした50代でいなくちゃいけないんだよ」。

それが、母の生きた意味をついにわからずじまいで終わりそうな、私と妹の50代の会話でした。

母は文学少女でした。そして晩年はＮＨＫの俳句講座に応募したりして、ずっと文章を書いていました。「その文章をつなぎ合わせて、いつかお母さんの伝記を書くよ」と言っていた私の約束は、まだ果たせていないのですが。

6 失った愛は、もう戻ってこない

いよいよ50代前半のしめくくりとなったある男性のことを書きましょう。39歳の彼に出会ったのは私の42歳の秋。当時のチェコスロバキア大使館のレセプションの会場でした。ちょうど外は土砂降りの雨。

私はその頃、相当に苛立っていました。離婚をして会社設立に向かってシャカリキになり、髪の毛がムチャクチャになるくらい仕事をしました。時間にゆとりはまったくなく、離婚届を出して自由になった分だけ仕事に打ち込まなければならないと、自分を叱咤《しった》激励《げきれい》していました。そんなわけですから、たまたま友人の内海さんの誘いでチェコ大使館に行ったものの、スーツは学校から直行した普通のビジネススーツ、ずぶ濡れで傘も持っていなかったので、髪の毛は頭に張り付いてペチャンコ。そんな状態で会場に入っていったのです。

そこに彼が声をかけてきました。「何のお仕事をしているのですか。女優さんですか。僕は歯科医でスマイルの研究をしています」。イラッときました。こんなみじめな姿を見て「女優さんですか」と言われたので、とんでもない女たらしがきたと思ったのです。「ご冗談でしょう。ずいぶんと無様な格好ですよ」。すると、彼が真剣に怒った目で私を見ました。「そんな冗談を言ったつもりはありません」。この日の出会いはそれだけです。名刺交換をして、はいサヨナラでした。

そして、1週間後、スマイルに関するたくさんの貴重な研究資料が送られてきたのです。どれも私が必要なものばかりでした。驚きました。そして、「ありがとうございます」とお礼の電話を入れました。

そうしたら、「さらにおもしろい資料があるから、今度、青山で食事をしませんか」と彼は言うのです。仕事仲間が一人でも多く欲しいと思っていた42歳、登り坂、絶好調、パフォーマンス学本格スタートの私は、喜び勇《いさ》んで彼に会いに行きました。
その食事の席上で彼は言ったのです。「一緒に世界一周のクルーズ船に乗りませんか」。「え?」と驚き、「とても嬉しいです。でもご家族はいないのですか」と聞いてみると、3歳の小さな子どもを含む3人の子どものパパだというではありませんか。

「何をふざけたことをおっしゃるんでしょうか。ご家族を差し置いて私が船に同行したら、あなたは奥さんにどう言い訳をするんですか」と言って、資料だけをパッパと集めて、またもや食事の途中で帰ってきてしまいました。

みじめな気分でした。離婚後の私に最初に声をかけてくれた人が3人子どものいる男性で、一緒に船に乗ろうとはどういういたずら心なのか、自分はどんなふうに見られたのかと、ひたすら自分がみじめだったのです。

でも、その1ヶ月後、彼から手紙が来ました。「あなたは家庭をもった人とは船に乗れないと言いましたね。僕はいろいろ考えて離婚をしようと思います」。エッと驚いたのは今度は私のほうです。どうしたらいいのだろうと、うろたえました。彼は素晴らしい人でよく気がつき、私の応援をしたいと言ってくれていました。でも、私は彼と良い友達でいくのか仲間でいくのか、恋人なのかまだ何も決めていなかったのです。出会って1ヶ月では無理だと思いました。

そんな状態でも彼は本当に誠実な人で、次々と私の仕事を手伝ってくれました。そして、離婚願いを出したことも本当だったのです。妻側と彼側に弁護士がついての調停は丸９年かかりました。彼は私を手伝いながら、本業の歯科医もやりながら裁判を続け、どんどん疲労が積もっていったようです。

でも、私は前に走り続けています。止まることができないのです。パフォーマンス心理学という船をスタートしてしまったのですから、スピードを緩《ゆる》めたら下に落ちると自分で思っています。だから、「結婚しよう」と何度か言われても、即答ができませんでした。優柔不断というか気持ちのゆとりがなかったのだと思います。

そして、ついにその日が来ました。それが私が53歳のクリスマスだったのです。11年間お付き合いした彼はすっかり体調を崩し、燃え尽き症候群（バーンアウト）で立っていることも辛くなり、話すことも大変になっていました。バラバラに散らばったような文字で、「僕は君の足を引っ張ることはできないから去る」と書かれた手紙の言葉が、別れの一言になったのです。

突然私は思いました。「彼を失うことはできない」と。今から結婚したらどうだろうか、と。でも、もしもそんなことを言えば、せっかく決心した彼をまたもや疲労困憊《こんぱい》の日々に引き戻すことになります。私がわけもわからず大きな泣き声を出したので、彼が振り向きました。けれど、もう目には力がなく、音もさせずにマンションのドアを閉めて、彼は消えていきました。これが彼との11年間の最後です。まさにフェイドアウトという言葉がぴったりの別れだったのです。

そのことを相談したい母は鬱状態のあげくに入院して意識不明。ついに私は、頂点からどん底に落ちました。自分の力ではもう起きてしまったことをなにも変えることができない。母に最期の「もうがんばらなくていいよ」という一声をかけることもできなかった。無力感と絶望と悲しみで真っ逆さまに奈落の底に落ちた感じでした。

妹に電話して「私はこれで再起不能かもしれない」と言ったら、妹が「お姉さんはそれで終わる人じゃないよ。がんばって」と言ってくれたのが唯一の救いだったでしょうか。

これが50代前半の最後だったのです。

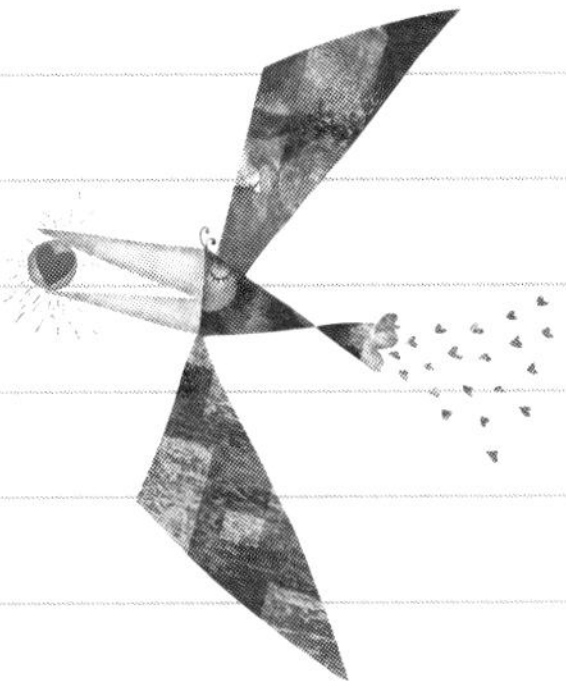

第5章

限界を知ったときに謙虚になれる

幸せになる唯一の方法は他者への貢献

オーストリア、精神科医・心理学者
アルフレッド・アドラー

大きなことでなくてもいい。
何か人のためにできることを少しでもいいから始めましょう。
感謝されることもあるけど、感謝されなくても気にしないで。
人の役に立つ喜びが自分をも幸福にします。

①絶望の中で人の優しさに気づく

２００１年３月７日に母を亡くして以来、私は家の中で立っているのも辛くなりました。最愛の母の孤独の叫びに耳も貸してあげなかった。たまの電話でも、「元気を出してよ」と言ったりして、80歳の母が何のことを悩み、孤独に思っているかを理解しなかった。結果、母は生きる気力を失ってしまった。自分を責めて「人間は何のために生きているのだろう」と悩みました。

四谷の雙葉《ふたば》高校の一室で、上智大学教授だったアルフォンス・デーケン神父の「東京・生と死を考える会」に入会して、グリーフセラピー（悲嘆《ひたん》のための療法）の集会にも３ヶ月通いました。家族を突然の理不尽な死によって失った人々が集まっていました。みんな死の意味と生の意味を真剣に模索《もさく》していました。

でも、神様は本当に不思議です。悲嘆の中でこそ別の助けを用意しておられるのでしょうか。かけがえのない助けになったのが家族と友人でした。

立正大学での博士号祝賀会に、妹が黒枠の母の写真をもって出席していたことを知っている人は、数人しかいません。博士号の祝賀会パーティーにも、妹は「お姉さんが途中で倒れるかもしれない」と駆けつけてくれました。

この妹がめっぽう明るいのです。妹と私はなぜか二人とも、あいついで離婚しました。離婚した頃、流行《はや》っていたのが「別れても好きな人」という歌謡曲でした。全体の歌詞は全然覚えていませんが、男女のデュエットで、「別れても好きな人」という最後のフレーズを繰り返す歌です。

そこで、妹はよく替え歌を歌いました。「別れたら次の人」というのです。彼女も離婚で大変な思いをしている最中でしたが、それをグチにしないで笑いとばす強さを、彼女は苦労の中から身につけたようです。妹ながらあっぱれです。

結婚前の娘も、かわいい猫の絵はがきに「ママがんばって立ち直ってね。ママは目標だから」と書いて、書斎の机にそっと置いて、励ましてくれました。

それでも、母の亡くなった3月を過ぎて5月になっても、まだ思い出しては自分を責めていました。

そんな5月のある日、近くのスーパーマーケットで明日の朝の納豆を買おうと、それだけのために買い物をしてレジに行ったとき、どうしてもうまく身体が動きません。納豆を持ったままボーッと外を見ていました。

するとと、ちょうどそのスーパーの外で信号待ちをしていた宮坂さんという近所の友人が車から降りてきて、「佐藤さん、どうしたの？」と聞きました。私は二人の人間に対して相当に申し訳なさや後悔、懺悔《ざんげ》の気持ちが強くて、でも、どうしていいかわからなくて、ぼんやりしていると短く伝えました。

彼は、「僕が行っている世田谷中央教会に行こうよ。桜新町にあるよ」と言いました。そう言われてもまったく返事もできずに、曖昧な顔をしたまま、その日は終わりでした。でも、翌週日曜日に、彼は車で迎えに来てくれたのです。その翌週も来ました。ついに7月、彼の話していた教会について行きました。でも、牧師の話を聞いても何も頭に入ってこないのです。何だかよくわからないけれど、「離婚した女性はけしからん」というような意味の話をしているのだろうという感じがしました。「何を今さら言っているのか」と、内心、敵の真ん中にいるような気分でした。

正確にはそのときの説教が何の話だったかわからないのに、自分がひがんでいたのでしょうか？「8月に松原湖でバイブルクラスがあります」と、礼拝の終わりにアナウンスがあったときも「ずいぶん平和な人たちがいるものね」と上の空でした。

それなのに、またしても私は翌週教会に行ったのです。単に宮坂さんが迎えにきたから、という消極的な理由でした。そして帰りに「松原湖の申込書に名前を書いてください」とアナウンスがありました。聞いた瞬間に、なぜか私はふらふらとつられるような感じで、受付にあった申込書の氏名欄に自分の名前を書いてしまったのです。

まったく自分でも何が動機かさえわかりません。本当ならば「よかったね」と言ってくれるであろうはずの宮坂さんがそばに来て、「大丈夫なの？　それは大変なことだよ。佐藤さんは教会に一人も友達がいないでしょう。僕は仕事でその日は欠席なんだ」とさすがに止めに入りました。

牧師夫人の安藤啓子《あんどうけいこ》先生がこのやりとりを近くで聞いていて、「大丈夫よ、佐藤さん。私は佐藤さんの本も読んでいますよ。当日は私が教会の車を運転して朝迎えに行ってあげますから」と後押しをしてくれました。どん底からはいあがるのに、周りからたくさんの手がさしのべられたのです。なんだか芥川龍之介の「蜘蛛《くも》の糸」を思い出していました。

一方、５月も６月も親しい友人のジェイムズ・バワーズ・ミミさんの秩父の家にでかけて泊まりました。「一人で落ち込んでいるならおいでよ。３食つくってあげるから心配ご無用。ここはアヤコの秩父の別宅だよ」と電話をくれたのです。

泊まりに行って、テレビで「ミスター・ビーン」のコメディを一緒に見ます。ミミさん夫婦が「ほらおかしいね」と二人して大笑い。画面ではビーン氏のズボンがずり落ちたりするから当然でしょう。それを見ても、私は泣いていました。今思えば、暗いだけの人間に、よく友人や家族が付き合ってくれたと感謝あるのみです。

昔から不運のときこそ、幸運なときには気づかなかった人間の優しさや温かみがわかるものだと言われます。英語でも同じことわざがあり「A friend in need is a friend indeed」（困ったときの友こそ真の友）と言います。

その中で、元気になって、今度は自分が多くの人の真の友でありたいと、静かに気持ちが変わっていきました。

２　松原湖の神様からの啓示

松原湖は長野県にある小さな人造湖です。信州大学の学生だった頃、そばでキャンプをしたことがありますが、なんて小さな湖だろうと、「小さい」ということだけを覚えていました。たいしたことがない、小さな湖という印象だったのです。

ところが、実際にバイブル合宿の2日目の朝、不思議なことが起きました。前日の深夜までバイブルを読み、みなさんと語らい、夜、二段ベッドで休みました。下の段が私、上の段が啓子夫人です。啓子夫人は私の本も何冊か読んでくださっていて、明るくて、かつ優しい人でした。食堂でみんなの食べたお皿洗いを手伝ってから語り合い、ほっとして寝たのが、深夜の1時頃だったでしょうか。

それなのに、どうしたわけか、朝寝坊の私が6時頃に自然に目が覚めたのです。一人で湖に行ってみました。「神様」と、まず初心者らしく呼びかけました。「私は大変な罪を犯しました。死にたいとも思いました。でもできたら生きていたいです。なんとかしてこのあとの人生を生きる方法を教えてください」。

そんなことをブツブツと口の中でつぶやいた瞬間です。パッと湖が、まるで白い光が湖水から一気に放たれたように光ったのです。空も光りました。

その瞬間です。何の前ぶれもなく突然に、「ああ、生きていていいのだ」と不思議な安心感と直感が降ってきたのです。

何も環境は変わっていないのに、やたらに感謝の気持ちが湧《わ》いてきて、「お許しくださいましたね。生きていていいのですね、神様。ありがとうございます」と言っただけで涙がポロポロと出てきました。

立ったまま数分間ボーッとしていたでしょうか。なんだか前方の空に、昔見た木製の十字架が浮かび上がったような気もしました。

それはあとで考えると、心理学でいう「至高《しこう》体験（peak experience）」にあたるものだったと思われます。「人がどん底の中で何も条件が変わっていないのに、突然何かの啓示を受けて、自分の幸福感や使命に気づく最高に幸福な瞬間がある」とアメリカの心理学者・エリクソンが書いているのです。

でも、そのときは、自分に至高体験が起きたとは解釈できず、ただぼんやりと立っていました。

一方、目が覚めたら二段ベッドの下の段に私がいないと心配になった啓子先生が湖を探しに来ました。泣いている私を見つけて、「綾子さん、どうしたの？」と聞きました。

「湖が光ったんです。十字架が出てきました。私は生きて、みんなのためにパフォーマンス学を使って仕事をすべきだと思います」。「そうでしたか。いいわねえ」。

ニコニコした啓子先生はもともと相当に楽天的な性格、あるいは人を元気づけるのが上手な性格なのでしょう。

「綾子さん、その思いつきは正しいと思う。みんなでいつでも出入りできて集まれる家を作ってちょうだい。その家の名前は、『優&愛』がいいわね」。「そうですか、でも大勢が集まるには大きな建物が必要ですね。できるかどうかわからないけど、やってみますね」

あとで考えたらムチャクチャな話です。当時、私は世田谷区八幡山のマンションに結婚前の娘と住んでいて、それまで夫と一緒に2回マンションを買った経験はあっても、土地を買ったり家を建てたりした経験はなかったのですから。

3 人生はゼロからでもやり直せる

何か新しいことを頼むと「それはやったことがありませんから」と、当然のようにできない理由を述べる人がいます。やったことがないからやらない、これは実は人間の基本的欲求から見れば、中途半端な人間の証拠です。

なぜならば、すべての人間には自分の持っている潜在能力を開花したいという欲求があり、潜在能力を開花すると同時に大きな快感を得ることが、精神科医ロロ・メイの世界的にも有名な著者『失われし自己を求めて』の中にも明記されています。

また、心理学者マズローらの言う「自己実現の欲求」の中にもこれが含まれます。自分としてやったことがないことだから、やって夢を開花させていきたい、これは人間の基本的な傾向なのです。

ただ表れ方として、内向性傾向の強い人は、やったことがないことを前にして尻り込みします。外向性傾向の強い人は、外にエネルギーが向くので、知らないことならやってやろうじゃないか、となるわけです。私の場合は外向性です。

松原湖で決まった、新しい「優＆愛」の建築に取りかかるべきときがきました。それは絶望のどん底に落ちた人間が、再生ジャンプするために必要な儀式のようなものでもあるでしょう。ただしこの儀式には相当お金がかかりそうです。

でも、思い立ったが吉日。マンションを売ればいくらかお金になるだろうし、土地をとにかく探そうと思いました。そこで思いついたのがゲンちゃんこと村口元さんです。父上が村口昌之《むらぐちまさゆき》氏。ドイツでの建築経験もあり、有名な清家清《せいけきよし》さんのお弟子さんでもあり、素晴らしい建築家です。

私は親友のジェィムズ・バワーズ・ミミさんが秩父に家を建てたときに、そこを何回か訪れて、いつも感動していました。秩父の農家の間に突如出現する、素晴らしいログハウスです。その建築家が村口昌之氏でした。もしも私が家を建てるときは村口先生に頼もうと、ミミさんとはいつも話していたのでした。

そして、ふと思いつきました。そのご子息のゲンちゃんこと村口元さんは、不動産会社にお勤めだということを。もしも私がこれから買う土地をゲンちゃんにお願いして、設計を父上の村口昌之先生にお願いすれば、先生方も「親子鷹」の言葉のように親子初仕事で喜んでもらえるかもしれない。そう思ってすぐにゲンちゃんに電話。

「元ちゃん、土地を買うから探してね」。「どのあたりですか」。「今住んでいる近くがいい。みんなが簡単に集まれる駅近がいいのよ」。「高いですよ」。「払える範囲でなんとかするから、とにかく探してね」

8月にそんな話をしたら、11月にはゲンちゃんが土地を見つけてきました。世田谷の京王線桜上水駅南口から徒歩2分少々しかかからない東南の角地です。

さっそく彼に連れられて行ってみると、そこには新築の３階建ての３世帯住宅が建っていました。「あら、家があるじゃないの」。「そうですよ。建ててすぐにご主人が亡くなられて、ほとんど使っていない土地つき住宅です」。「だって３世帯住宅はいらないわ。三つのフロアに台所もトイレも三つ。私には使いようがない。壊すしかないから更地にしてから売ってちょうだい」

ところが、売り主に交渉すると、「とんでもない。こちらは父が建ててすぐに亡くなったので、僕ら息子二人はもともと住むと決めていませんでしたよ。でも家があるのだからそれごと買うのが当然でしょう。壊す壊さないはそちらの勝手ですよ」とまったく相手にされません。しかも解体料と片付け料の合計４００万円は私が払うべきだというのです。聞いて「んまあ……」とうめきました。相手の言い分は法律的にも正しそうでしたから。そこで、ほんの気持ちだけ値引きをしていただいて、とにかくこの物件を買うことにしました。その決断の理由は、これまた光でした。

その東南角地のサンサンと太陽が照らす３世帯の建物の前に立った瞬間に、またしても松原湖と同じように空がパッと光って、庭に植えられていたみかんの木の枝が明るくなりました。その瞬間に「ここは私の土地なんだ。神様はここを使って自分のためだけでなくて人のために生きよと言っていらっしゃる」と感じたのです。

どうしてもそうとしか思えませんでした。でも土地代だけで1億円近いお金を払った上に、新築同然の家を壊すのです。またしても、資源の無駄遣いだという申し訳ない気持ちが自分を襲ってきて、勇気がふと揺らぎました。そこで、意気地なしにも、私はゲンちゃんに頼んだのです。「ここを壊すところを自分で見届けることができないから、ゲンちゃん、全部やってちょうだい。更地になって、ちゃんとフェンスもできたところで私を呼んでほしいの」。「わかりましたよ」

実際に彼は、解体業者を探してきて、そのとおりにしてくれました。

私は、更地《さらち》になり、きれいになった土地を、母が亡くなった2001年、私が「ザ・ロスト2001」と名付けたその年が終わるのを待って、2002年のお正月明けに買ったのです。このあと設計費や建築費や設計管理費を合わせるとざっと2億円以上は最低限必要だと聞いていました。正直それは負担だと思いました。

でも、心はとてもハッピーでした。

「ここにみんなが集まる地下室付きの家をつくろう。事務所もその中に入れるから、小さいけれど、自社ビルで地下にはセミナールームがあり、自宅も兼ねる場所になるはずだ。苦しんで悲しんで何もしなくても一生。喜んで闘って生き直しても一生。どのみち人間の生命は、はかない。自分では死のときさえ決められない無力な存在だ。では、思いきってぶちあたってみようじゃないか」。そう声に出して言い、日記に書いたら腹がドンと据《す》わりました。

2億円をどう工面するかも、頭の中でクルクルと忙しく考えました。なんとかなりそうです。

村口先生は早速設計に取りかかりました。設計だけでも10回ほどの書き直しが必要で、うまくいけば半年、きちんと考えたら8ヶ月かかるというのが村口先生の見通しでした。

4「はじまりの家」を創る

「この本には、困難の中から歩み始めた筆者の新しい魂の門出が描かれている。その門出に読者を誘っていく文章が、じつに爽やかだ。心理学の分野から、行動科学としてのパフォーマンス学を野心的に開拓しようと努力してきた筆者は、50歳代となり中年に入る段階で母の死に直面する。それを契機に、外に向かって歩んできた彼女は、キリストの言葉に心洗われ、内なる我の存在に気づく。

その新しい魂の門出に、地域に根ざした家づくりの共同作業をする。そのリアルな行動が新しい門出の物語をつくり上げた」

この日野原重明《ひのはらしげあき》先生（聖路加国際病院理事長）の言葉は、すべてを失ったあとに、もう一度スタートする人にとっての後押しとなるでしょう。この「はじまりの家」が私にとっての再生の転機でした。この一文は私の『はじまりの家』（NTT出版、2004年）に書いていただいた日野原重明先生の推薦文です。

2001年3月7日の母の死以降、自分という人間は「この世から失われた存在」になっていました。そして8月、松原湖で神様が温かく私に語りかけてくれました。「あなたは生きていても大丈夫。その代わりにたくさんの人を助けて生きていきなさい」と。

そして「優&愛」の建築という宿題が、安藤啓子さんから具体的に示されたのです。2001年「ザ・ロスト2001」は、そうは言っても動きはとれず、結局、2002年の1月に約1億円を支払って土地を買いました。そして3階建ての住宅を壊し、その土地をたった10日間で更地にしてしまったのです。

そこから建築家の村口先生はせっせと建築図面を引き始めました。私としては、建築は専門外なので、にわか知識で一生懸命に建築の勉強をしました。先生にいくつか質問をする中で、どんどん自分が変わっていきました。もともと村口先生はプロとして凝《こ》り性《しょう》なのです。

そして結局、地下1階に42名が入れるセミナールーム、1階が会社と社団法人の事務所、2階と3階は私のプライベートスペースということになりました。1階と3階はエレベーターで内部でつながるようにも考えました。地下1階と1階は鉄筋コンクリート、2階と3階は重量鉄骨の4層構造の図面です。

この図面を実行に移すために、私は家の近くの「桜友マンション」の2階（現在は建て替え中）の一室を借りました。6畳にキッチンとトイレがついているだけの狭いにわか仕立ての建築事務所です。

そこに、多いときには10人もの大人が入るのですから、ぎゅうぎゅうです。毎週金曜日の午前中、徹底的に1年間、私たちはこの事務所で設計の打ち合わせをしました。新しい建物になんとか屋根がついて新しい打ち合わせスペースができるまでは、ここを建築事務所として使ったのです。

周りがあきれるくらい私は建築や建材の勉強をしました。先生が「2階と3階は『ALC』を使ったほうが軽くていいですよ」と言えばすぐに辞書を引き、これは「エアレイティド・コンクリート」、コンクリートの中に少し空気が入って軽い素材だとわかり、なるほどと思ったりするわけです。建築は三菱地所ホームです。その現場監督は小原建設の坂田安正さん。ここにゲンちゃんや、何人もの現場責任者たちを加えて、私たちはこれを「家作りチーム」と名付け、熱心に議論を重ねました。今もこの家づくりチームの団結は健在で、毎年桜の時期の我が家でのお花見会は今年で13回目になっています。

こんな作業をするうちに、自分の人生はどこへ向かうべきか、次第にはっきりと見えてきたのも不思議なことでした。

2002年12月22日、クリスマス礼拝が明大前の「朝顔教会」で開かれていました。「世田谷中央教会」は桜新町ですから、よりこの「優&愛」に近い朝顔教会で洗礼を受けることにしたのです。洗礼式にはアシックスの鬼塚《おにづか》喜八郎《きはちろう》会長や山之内製薬（現アステラス）の森岡茂夫《もりおかしげお》会長など、15人ほどの仲間たちが立ち会いに来てくれました。

みんな教会の洗礼槽《そう》の中に「ザブン」と私が入るのを見て、これは大変なことになったと思ったそうです。キリスト教で「受洗」というこの行事は大きなけじめでした。「新しい自分がここで始まる」と、いよいよさらに思いました。

建築中の「優＆愛」の地下よりさらに深い地下を掘って、聖書の入った瓶を土地の深くに埋め込みました。宮坂さんがそうしたと聞いて、真似したのです。自分の家の地下に聖書が埋まっていると思えば、天地《てんち》神明《しんめい》にかけて恥ずかしくない生き方をするしかないと思ったからでした。

いよいよ家がほぼ完成したのは６月です。でもまだ事務所の看板もついていないし、窓枠その他いろいろ細かいところの建築中でした。それでも、なんとかそこで寝泊まりができるようになりました。

村口先生の最初の予定は６月１日完成だったのですが、完成は予定日より遅れることになりました。困ったことに私は６月６日で元のマンションを売り払ってしまっていたのです。おまけに「心機一転すべてをやり直そう、ゼロからのスタートが気持ちいい、裸一貫が私らしい」と思ったので、前の家で使っていたソファーやベッド、その他の家具をことごとく友人に受け取ってもらったり捨てたりして、まったくの裸一貫、下着とちょっとした洋服と書斎にあったデスクぐらいでこの家に移ったのです。

「優&愛」は「古い自分が死んで、新しい自分が始まるスタートラインだから、荷物は少ない方がいい、これから少しずつ買っていこう」と思ったのでした。それにしても寝泊まりしている中で、ガーガーと大きな工事の音がします。そして、結局家が完成し、7月下旬にこの家でオープンハウスパーティーをやりました。

古くからのお付き合いのある国会議員の森喜朗《もりよしろう》先生や常に応援してくださっているアシックスの鬼塚会長と、山之内製薬の森岡会長など、いつもの仲間たちが74人も入ったので村口先生は慌《あわ》てました。「2階の床が落ちるのではないか」と。でも実際にはそれぐらいの重さには平気で耐えるようにできていたので、先生は本気で心配したふりをして私をからかっていたようです。

地下1階ではみなさんを集めて、フルートの演奏やゴスペルの披露、いろいろなことがありました。娘の美樹も甲斐甲斐しく接客をし、妹の代わりに出席した甥も細かなことをたくさん手伝ってくれました。こうやってみんなで神輿《みこし》を担《かつ》いでくれて、56歳の私の「はじまりの家」の活動が始まったのです。

そのことを1冊の本に書いておこうと思いました。その中には、坂田さんや村口先生の原稿も入れました。実際にその本が完成し、冒頭の日野原先生の推薦文をいただいて、２００４年５月31日の発行となったのです。

どんな人にも辛いときがあるでしょう。でも、この体験から大きなことを学びました。辛いことがあった後にどうするかで、本当にその人の価値が決まると思うのです。「辛い、辛い」といつまで言っていても、何も解決しません。

5 ウサギとカメは競争なんかしない

小学校時代の私が、大変身体が弱かったことはお伝えしました。だから、運動会はいつも欠席で、その日が雨になることだけを願っていました。競争でいえば、ウサギとカメのカメさんだったのです。

その頃、「ウサギとカメ」の童話をよく読みました。足の遅いカメさんは、ウサギが油断して寝ているあいだに、山の頂上に先にたどり着いたという童話です。当時はカメの勤勉さを教える正しい話だと思って読んでいました。でも、60代の今思うのです。ウサギは絶対にカメと競争なんかしないでしょう。それはウサギにとって、とてもつまらないことだし、カメにとっては到底勝ち目がないとわかっている競争ですから。

読者のあなたも、ちょっと考えればすぐわかるでしょう。話をするときに、相手の知識が超絶大で、どう聞き耳を立てても一言もわからなかったら、その相手と話をするのは苦痛でしかないでしょう。

逆に、例えば私がパフォーマンス心理学についてさまざまな科学的データを並べて、きちんとした心理学の一環だとして説明をしても、相手にまったくちんぷんかんぷんな顔をされたり、「パフォーマンス心理学なんてくだらない」と思い込んでいるように見えたら、やはり説明をする気力がなくなってしまうと思うのです。

お互いの知識量、理解度がある程度揃っているから、競争したり、ライバルになったり、その人から学んだりするわけです。

結局みんな自分の能力やスピードがまったく違うまさに「ふぞろいの林檎たち」です。誰にも長所と短所がある。スピード屋とのんびり屋がいる。そこで、ウサギでいくかカメでいくかは自分の能力と好みで決めたらいいでしょう。

その選択は遅くても50代までにはしないと手遅れだと私は自分の体験から思います。例えば50代で家を建てたとき、いろいろ心配になったので地下室のさらに地下に潜《もぐ》って、四つん這いで地下室の地下を村口先生の「匍匐《ほふく》前進」などという掛け声にしたがって前に進んで出来栄えを点検しました。70センチぐらいの高さしかない地下の地下なので、立って歩くことはできません。這《は》って進むわけです。

それを60代でやれといっても、おそらく膝がガクガクして無理だと思われます。屋根の上にも上がって、屋根からの景色も確認しました。今、屋根の上に上がったら、これまた、めまいがしてしまうでしょう。

やりたいと思ったことをやるのは、今どの世代に自分がいても早いに越したことはない。私がクラシックバレエを開始したのは50代でしたが、幼少からならもっとうまくなっていたかもしれません。70代からスタートしたら、たぶん怪我が多くて難しいでしょう。もちろん、たまに天才はいます。

でも、ウサギはウサギの人生、カメはカメの人生と、自分の人生プランを決めてスタートするのは50代までだろうと思うのです。10代までは親や教師の敷いたレールでも結構。

でも、成人後は自分の選択を自分ですることが肝心です。

6 50代からの太極拳とクラシックバレエ

今年103歳になった美術家の篠田《しのだ》桃紅《とうこう》さんの本や言葉や作品が、私は大好きです。篠田先生がこう言っています。「心身ということばがありますね、心と身体です。でも、もともと心と身体は一体です。わけて考えられないものです」と。

ここで心と身体の関係をちょっと真剣にみてみましょう。

54歳ですべてを失ったと思った私に、昔からのゴルフ仲間の岩井覚さんが「太極拳をやったらどう？」と勧めてくれました。岩井さん自身は松濤館《しょうとう》流空手8段の名手で、大きな会社の元専務さんでした。その空手仲間だった人が楊名時《ようめいじ》先生で「楊名時太極拳」を教えている、しかもその教室が新宿にあるというではありませんか。新宿ならば行くのは簡単、まずは見に行くことにしました。

見たら、太極拳はなかなかおもしろいのです。リズムはゆっくりですが、持久力がつきそうです。実際にやってみたら1時間30分経った頃、全身に汗がにじみ出て、体温が上がってくるのがわかります。呼吸が落ち着いて、様々な悩み事が消え去っていきます。

そんなある日、同じ教室に今度は太極拳のたっぷりした衣装とはまったく違って、すらりと美しいスタイルをピタリとした服に包んだ女性たちが何人か入ってきました。「何が始まるの？」と聞いたら、クラシックバレエだというのです。見学させてもらうことにしました。これもまたおもしろそうです。そこで、太極拳教室が終わって30分の休み時間に、太極拳の衣装を脱いでバレーのレオタードに着替え、12時から1時半までバレエ教室にも出ることにしたのです。これが54歳のときでした。


現在も太極拳とバレエは15年間続いています。太極拳が終わったら、ゆったりとしたパンツとシャツを脱ぎ、ぴしりとしたレオタードに着替え、バレエが終わったらタクシーに飛び乗り、タクシーの中でパンとコーヒーをいただきながら桜上水に到着。

2時半から、自分の「佐藤綾子のパフォーマンス学講座」で多くの社会人に会社の内外での自己表現の仕方を教える講師に早変わりするのです。こんな土曜日がすでに15年も続いています。

私がどんなに身体が辛かったときも落ち込んでいたときも、自分の命綱と思うほど大切にしてきたのは、この「佐藤綾子のパフォーマンス学講座」という自己表現研修です。

2年制で1年目を本科、2年目を専科と呼んでいます。自分がどんな人間であるかを「自己発見」し、さらに発見した自分の置かれた環境の中でどのように適用していったらいいのか、どういう自分の伝え方、相手の読み取り方をしたらいいのか。それを勉強して、最終的に「自己表現」の力をつけて自分らしい自己実現の道を完成していきます。

隔週土曜の午後になると、全国から集った生徒さんたちは一気に仲良しになり、自己表現の力をつけると同時に親友までつくっているようです。23年間、この伝統は脈々と続き、今この瞬間も全国で自分の実力や魅力を「見える化」した生徒さんたちが、パフォーマンス学のことを語り合っています。

生徒のみなさんは私を見て、どうも生き方まで真似をしているらしくて、「心を強くするには身体を鍛《きた》えたらいいよ」と言ってスポーツを始めたりして、常に心身を一体として、自分自身というものを作り上げているように思います。

50代でスタートしておいてよかった。今からのスタートではとても無理です。

身体が元気であること、その条件は心の元気であり、心が元気であることが身体の元気にもつながる。相撲で「心技体」と言いますが、心と身体はいつも一体であり、その両方がうまく回っているときに、私たちは仕事にしても、家庭にしても、思う存分やることができるのだと思います。

頭で悩んでいる時間があったら、身体を動かして、それが自分にとって快適かどうかを感じ取ることが大事です。大学時代から私が大好きなアメリカの哲学者で文学者であるエマーソンも書いています。

「立って行動しなさい。書物は人間がひまなときに読むものだ」と。

7 自分の弱さと向き合う

落ち込んでいるときに、パフォーマンス学の研究仲間で、当時、立正大学大学院の同級生として机を並べていた20歳も年下の大島朗生さんが葉書を送ってくれました。その葉書には、こうあったのです。

「私たちは知っている。試練は忍耐を、忍耐は練られた品性を、練られた品性は希望を生むということを。そして、この希望は絶望に終わることがありません」。

聖書の文句でした。私は仏教徒でしたが、クリスチャンである彼は、きっと、ペチャンコの私を励ましたいと思って送ってくださったのでしょう。実際、この「試練は必ず越えられる。越えられない試練は自分に与えられない」という意味の言葉は、当時はとても大きな励みでした。そしてそれは、自分が体験してみた後に、本当にそうだという確信に変わりました。

20代や30代の試練と違って、50代は人生の折り返し地点を越えた年齢での試練ですから、乗り越えていくには特別の気力や体力が必要になります。そうであっても越えられない試練は与えられないというのです。なんと素敵でしょう。そして、試練を乗り越えるごとに私たちは自分の能力が上がっていきます。

その変化の中では、忍耐力の向上が一番大きなものかもしれません。あるいは、希望を信じる力かもしれません。友情の再確認かもしれません。自分に備わったいろいろなもの、よいものが発見できて、結局それらすべてを総動員して試練を越えていく。そんなことに気づいたのが50代でした。

「神は越えられない試練は与えない」という世界中に知られた聖書の言葉が真実だと気づいたのも、実際に自分が試練を経験したからです。人間はそんなふうに弱くて幼い生き物にすぎません。

さらに、悩んだときには、アドラー心理学の「課題の分離」も、私のお気に入りの解決の糸口です。

どうも昔から私は、複数のトラブルが起きると、それらを一緒くたに並べて口に出し、結果、解決策が何だかわからず、余計落ち込むという悪い癖がありました。たとえばAとBとCに問題がある。さて、どこから手をつけたものかと朝から言っていて、夜になってもどこにも手がつかない。これは自分が抱えた問題がまるで一つであるかのようにゴチャゴチャに固まっているからなのです。

もう一つは、自分がベストを尽くしたつもりで子どもに何か言った場合でも、子どもがひどく反発することがありますが、どうしてわかってもらえないのだろうと、これまた大変悩みます。これも自分が抱えているAという課題と、相手がそれをどう解釈するかというBという課題をゴチャゴチャにした結果です。

こんなふうに、人間が途方に暮れるときは、自分の問題はどこにも答えのないトラブルであると思い詰めてしまうことでしょう。

でも、「これは問題でなくて解決すべき課題だ」と言い直してみましょう。そうすれば、「では解決手段は何だろう」と考え、次のステップに進むことができます。相手にもっと説明してみようとか、手紙を書いてみよう、好きなものを買っていってあげよう、という具合にです。

問題（トラブル）と課題（解決すべきテーマ）をゴチャゴチャにすれば、結局、困るのは自分です。

アドラー心理学の「課題の分離」は、このことをわかりやすく説明しているだけなのです。

それでも、私は30年前から勉強していたのに読み流していて、そのことに本当に再び気づいたのも、とことん悩んだ後だったのでした。心理学で博士号を取っているといっても、実際に痛い目に遭《あ》わないと本当には腑《ふ》に落ちないのです。私を含めた多くの人の未熟さの証拠といえるでしょう。

第6章

身体が悩みの答えを知っている

地上においては欠けたる弧、
天上においては全き円

イギリス、詩人
ロバート・ブラウニング

自分だけの力で完璧な人間なんていませんね。
だからみんなと手をつなごう。

1 手をつないで大きな円をつくる

どんなに優れた人でも、自分一人でなんでもできると思うのは傲慢《ごうまん》でしょう。一人でできることは限られています。

このことを端的に示している、イギリスの詩人、ロバート・ブラウニングの詩があります。

「地上においては欠けたる弧、天上においては全き円」

この言葉に最初に出くわしたのは、今から40年以上も前の信州大学教育学部英語学科の授業でした。「ブラウニングの詩はスケールが大きいなあ」と思ったけれど、この「アプト・ヴォーグラー」と名付けられた詩は難しくて、手も足もでない感じでした。

ところがごく最近、聖路加国際病院の日野原重明先生の101歳の誕生会に出たところ、日野原先生がパワーポイントで大きな円を映したのです。そしてご自分の両手を天井まで挙げて、円をつくりました。

「一人でできる円は小さいけれど、みんなで手をつないだら大きな円になる。自分だけでできる弧の部分を『アーク』と呼び、全体が『ラウンド』ですよ」。

それでハッと思い出しました。「あのロバート・ブラウニングの詩の一節だ」と。

地上において私たちがつくるのは単なるアークです。でも、いろいろな人と手をつないで、最後には天上の神様とさえ手をつないで、大きなラウンド、円をつくる。この感覚は私たちにとても楽しい、ウキウキした気分を与えてくれます。

「自分でできることは小さいけれど、みんなとやったらもっと大きなことができるんだ。だからみんなと協力しよう」というわけです。これについてアドラーは、なるべく幼少の頃から「共同体感覚」を身につけるべきだと、繰り返し説いています。


「共同体感覚」は、アドラー心理学の最重要なキーワードとして、彼自身が位置づけたものです。彼のその他の様々な基本概念がすべて「共同体感覚」に繋《つな》がってくると言ってもいいでしょう。

彼は、たくさんの著書を残しましたが、英語で書かれた最初の書物『The Science of

Living』（1969, Original, 1928）の日本語訳から、そのもっともわかりやすい部分を次にご紹介しましょう。

「一番最初から共同体感覚を理解することが必要である。なぜなら、共同体感覚は、われわれの教育や治療の中のもっとも重要な部分だからである。勇気があり、自信があり、リラックスしている人だけが、人生の有利な面からだけでなく、困難からも益を受けることができる。そのような人は、決して恐れたりしない。困難があることは知っているが、それを克服できることも知っており、すべて例外なく対人関係の問題である人生のあらゆる問題に対して準備ができているからである。」（2012, 岸見一郎訳）

マザー・テレサが「愛の反対は憎悪ではありません。愛の反対は無関心です」と常に書いているのもこれと同じことです。

周りのみんなに関心をもって、繋がりを大切にしながら生きていくこと、共同体感覚の中で生きていくことが人間の幸せである、という彼の世界観です。本当に、ささやかな幸せだって、人の助けなしには得られない。大きな幸せはなおそうですね。

2 「ありがとう」はだれでもできる最大の貢献

「欧米のチップの習慣が日本にもあるといいなあ」と思うときがあります。

たとえば、レストランで何か注文してその料理ができてきたときにお客様もすかさず「サンキュー」が自然に口に出る。そのサンキューの言葉をいただけるようなサービスを店員も心がけ、お客様が心からお礼をいえるようなサービスだったらチップの額も大きくなる。逆にまったくひどいサービスだと、サンキューの言葉も控《ひか》え、チップも置かない。

こんなはっきりした評価法が日常に根付いているせいか、彼らは、実にこまめにサンキューを言います。

ところが最近の日本は、たとえば電車で席を譲《ゆず》っても、その相手が、まるで「お礼を言ったら口が損する」といわんばかりに無言の人が増えました。もちろん席を譲るときに相手のお礼を期待している人は少ないでしょう。でも、すべての自己表現には「返報性（レシプロシティ）」があります。怒りをぶつければ怒りが返ってくる。ほほえみかければ笑顔が返ってくる。ありがとうを言えばありがとうが返ってくる。

それはとても気持ちのいいことです。

さて、私には一つの忘れられない「ありがとう」があります。

2001年7月、まだ母の死を受け止められないまま、当時住んでいた世田谷区上北沢の街の裏道を一人でとぼとぼ歩いていました。「落ち込んでいるのにお腹はすくんだな」と妙な気分で、前からそこにあると知っていた中華の看板のある店の暖簾《のれん》をくぐりました。カウンターがあいていたので座って小さな声で「冷やし中華一つお願いします」と言いました。

するとほんの数分で「はいよ」とお皿が出てきたではありませんか。ずいぶん早いと思ったもののあまり考えもしないで「いただきます」と箸を割って食べようとしました。そのときに隣の男性が「あ、それ僕のだ。でもどうぞ、どうぞ。僕はホラ新聞を読んでいますから」と。笑顔で言ったのです。

びっくりして、「すみません」と冷やし中華をそちらに渡そうとすると、店主までそろって「どうぞどうぞ」です。なんだか嬉しくて、毎日悲しくて泣いてばかりいたせいかまた涙が出ました。今度は感謝の涙です。

「一人じゃない。見知らぬ人がこんなにつながってくれている」と思ったら、「ありがとうございます」と何度も言いながらまた涙が出ました。

それを見て隣の人は「いやあ、そんなにお礼を言われちゃって」とまた笑顔。店主が中から「お客さん、助かりましたよ。今日は気分がいいねえ、ありがとう」とその男性にお礼を言いました。それが見えたのでしょう。店内のテーブルで食べていた二人のお客さんも「いいところへ来たな。うん、ありがとう」と。

食べ終わって、私は人とつながっている温かさをかみしめました。外に出て、ドアの外からまた中に向かってお辞儀をして、昼の裏道をちょっと幸せな気持ちになって家まで歩きました。15年経っても忘れられない「ありがとう」の思い出です。

仏教に「無財の七施《しちせ》」という言葉があります。財産が何もない人でも「和顔愛語《わげんあいご》」、つまり楽しい顔で喜びを伝えるのも施《ほどこ》しだというのです。私の博士論文のヒントにもなったこの言葉を他人様からいただいたのが、この昼下がりの「ありがとう」でした。

今は私は、理由を探してでも、ありがとうを言います。ぜひ、あなたもその仲間になってください。

3 ありのままの自分を受け入れる

太極拳をやっていると、参加者の年齢層の広さに驚かされます。なかでもIさんは圧巻でした。90代で酸素吸入のボンベをキャスターに積んで呼吸器をつけたまま、そろりそろりと、亡くなる数日前まで静かに太極拳をやっておいででした。「やれる範囲で動けばいいですよ」と楊慧《ようけい》先生が声をかけるので、周りも「あの人は1メートルの範囲ぐらいしか移動しないけれど、それはそれでいいのだ」という受容の雰囲気ができていました。

50代後半でたまたま私はバレエの中で無理なジャンプを繰り返したときに、左足の股関節を捻挫《ねんざ》してしまいました。それが治るまでの半年くらいの間でしょうか。慧先生に「ちゃんと足が上がらない人は、床の上に片足をそっと置いただけでも、もう片足にちゃんと重心が移動していれば、それで十分です」と言われてほっとしました。

オリンピックのような競技スポーツでなく、健康のためのスポーツには個人差の容認が絶対に必要です。そうでなければ、90歳をはるかに過ぎたIさんがずっと続けられるわけもなかったでしょう。

身体能力も頭脳の能力も人間は若いときの「ドングリの背くらべ」と違って、50代からだんだん格差が開いていきます。収入でも下に落ちていく人と、上に上がっていく人の差が大きくなっていくのです。体力も美貌も差が大きくなる。20代、30代では横一直線だったのに、どんどん上下差が開いていく。そこでありのままの自分を受け入れることが、一番心の平安だと私は思います。

周りの平均値に合わせようと思わないで、自分流を貫《つらぬ》くことが、幸い今の時代は可能です。だれに遠慮がいるでしょうか。


私が小学校4年生のときの担任の市川先生の言葉に戻りましょう。人から見たら、私は完全な落ちこぼれでした。だから、「たった一つでよい。人にない力をもて」と言われても何も思い浮かばなかったのです。でも、「ニコニコして明るいだけでも力になる」とおっしゃった先生は、世の中の平均、あるいは小学校4年生の平均と私をくらべたのではないでしょう。私にとって一番いいことは何なのか、実現の可能なことは何なのかと考えてくださったに違いないのです。

だれかが自分をどう見るかを意識して、自分の自己表現を意図的に組み立てて表現していくことを「自己呈示《ていじ》」といいます。これがパフォーマンス学における「パフォーマンス」という言葉です。

ただし、さらに大きなもう一つ上のステップがここにあります。人の目を意識して、たとえば優しい人に見せたいと思って優しい人を演出するとしましょう。でも、その優しい人という外見上の自分と、実際の自分の性格が一致しているからこそ、その表現が無理なく長続きするのです。

人の目に合わせて無理して好ましい私を演じ続けていたら、いつまで経っても心は落ち着かないでしょう。考えてもみてください。平安時代の美人の理想は「おかめ」でした。もしもあなたが世間の目だけを意識して自分のイメージを選択していたら、「おかめ顔」が流行《はや》っているときは「おかめ顔」をねらい、そのあといつか流行ったように、「サーファー美人」が流行ったら日焼けをねらう。そんなふうにいつも人に気に入られる自分を目指すのは疲れるだけです。

世界でも尊敬の的になっているラインホルド・ニーバーという神学者の有名な詩「平静

の祈り」をご紹介しましょう。聖路加国際病院の日野原重明《ひのはらしげあき》先生や、さらにその先生の恩師であるアメリカの医師オスラー博士の「平静の心」にも引用されている素晴らしい詩です。

「神よ、変えられるものを変える勇気を、
変えられないものを受け入れる寛容さを、
そして変えられるものと変えられないものを見分ける平静さを、
私に与えたまえ」
（ラインホルド・ニーバー、平静の祈り）

④ セルフコントロールが大人の条件

就職や研修の紹介をよく頼まれることがあります。自分の人脈ですべてカバーできないときに、人の力を借りる。それはそれでいいのです。

でも、紹介された相手に会いに行って仕事が取れたとき、その結果をきちんと紹介元の私に報告したり、お礼を言いに来る人が少ないことに、最近びっくりしています。

大学生の例だと、最近私は、自分で出すパフォーマンス学の本の一部を担当する博士課程の学生の３人に書いてもらうことにしました。彼らの研究業績として列記できるので、若い彼らにはプラスだからです。でも、肝心の本が刊行されて1ヶ月経ってもお礼に来ません。それどころかお礼のメールも来ません。やむなくビシリと言いました。

「このことが自分にとってどんな意味があるか考えたら、まずチャンスをくれた人にお礼を言わないとダメでしょう。次回から頼む気がなくなりました」と。

彼らは若いから素直です。すぐにお詫びの手紙が来ました。

就職依頼も同様です。ときどき大学の経営者などから大学教員の紹介を頼まれることがあります。つい最近も、こんなことがありました。

Ａさんを紹介したのですが、彼女はネットなどでその大学を調べて、あまりの競争率の高さにビビり、履歴書を出さなかったのです。それを知らない私のところに依頼者から「Ａさんはどこか他の大学に決まったのですか」と確認メールが来てびっくりしました。出さなかったことを彼女から前もって聞いていれば、先方にもすぐに返事ができたのですが。

一方、Aさんと真逆で、なんでも自分を売り込みたがるB子さんがいます。彼女は私の何かの会合などでだれかと名刺交換をすると、その相手に片っ端からメールで仕事依頼を送り、ときには略歴書まで添付します。すると、依頼された人から私に必ず連絡がありま す。「あの人の売り込みはアヤコ先生が承知していることですか？　どういうタイプの人ですか？　信頼できますか？」と。

何も聞いていない私としては、忙しい相手に軽々しく売り込んだB子さんの軽率ぶりに文句を言わざるを得なくなります。

直接の自分の人脈でない人にまでアプローチするときは、必ず元になっている人への連絡が必要です。それができない人は、「セルフコントロールのできない人」とみなされてしまうでしょう。

自分の極度のビビりや逆に過度の自己アピール欲求をコントロールできない、なんでも「自分が自分が」と前に出たい欲求で動いてしまう、頼みごとをしても仁義がきれない、そういう人はだんだん人付き合いの輪が小さくなってしまうでしょう。

特にその年齢が40代以上だと、本当に男女ともに醜い感じがしてしまいます。若い人だったら、「若いから売り込みに熱心ね」で笑って済まされますが、40代からは、自分を上手にコントロールするやり方を覚えることが大切です。

承認欲求の塊《かたまり》になると、その欲求が満たされないとき、「ちっとも認めてくれない」という欲求不満が怒りに変わるという、自分へのしっぺ返しもあるのですから。

相手の立場と自分との関係の深さなどを考えて、上手にセルフコントロールのできる人だけが、人の力を借りながら幸せを獲得する人です。

5 すべての悪口は自分に返る

人間は、なぜ人の悪口を言うのでしょうか。

先日も、私の教室の40代の女性生徒が、「会社で上司の悪口を言ったら、いつの間にかその上司に伝わっていて、呼び出されてこっぴどく叱られた」としょげていました。

でもぎりぎり、40代までは謝ればまだ許されるでしょう。けれど、50代、60代になって人の悪口を言い、それが何らかの形で、言われた本人の耳に入った場合、もう挽回《ばんかい》の時間が足りません。よく、「天に唾《つば》すれば、自分に返ってくる」ともいいます。

他人のほめるところを探しましょう。悪口を言っても何も得なことはないと心して、ただちにやめましょう。

また、その場にいない人のうわさ話を人は大好きです。自分に直接被害がないし、場合によっては、「あの人はうかつな人ね」などと人の人格に対する判断をしたりもします。相手についての判断をするのが好きなのが人間の常ですから、それがうわさ話というおかしな現象になってしまいます。でも、万が一そこにいて、「本当よね」とあまり深く考えずに相槌《あいづち》を打ってしまったらどうでしょうか。いつの間にか、「Aさんもこう言っていたわよ」というように、あなたも同意者の一人としてカウントされてしまいます。

よくわからないうわさ話だったら、「ごめんなさい。私はその方をよく知らないので何も言えないの」とはっきりと断りましょう。このようなことを一度勇気を出して言うと、あなたにはくだらないうわさ話が集まってこなくなります。

そもそも心理学的に言えば、すべてではないのですが、多くの人間にとって、相手を判断して「あの人はこうだ」と思い込むことが自分の自信や優越感につながる快感であると考えられています。その証拠に、だれかから「あの人はどんな人なの？」と聞かれたわけでもないのに、「あの人は少々ナルシスト気味だから話は半分に聞いたほうがいいですよ」とか「頭はいいけど人物は今ひとつですね」などと、不要な採点まで簡単に口に出す人が何と多いことでしょうか。

私はよほど信用している相手からの情報でないかぎり、自分が会ったことのない人についての情報はあまり信じないことにしています。それより、真っ白な心で初対面の人に会って表情や話の仕方、内容から、その人を読み取る方が正確だと信じているからです。

自分の目と直感を信じましょう。しかも、それさえも間違う時もあると思っていましょう。それほど人間が人間を評価するのは難しい。まして第三者のうわさ話や悪口にのるのは、なんのメリットもありません。

⑥ 辛いときこそ笑っていよう

日本には古くから「笑う門には福来たる」というとてもわかりやすいことわざがあります。ニコニコ笑っていると、その顔を見た周りの人が寄ってきて良いお付き合いや良いビジネスが始まるというわけです。

これが科学的に正しいかどうか検証するため、２００１年に大きな実験調査をしました。新宿から小田急線沿いに小田原まで、そして新宿から西武線沿いに川越までの住民たち１０００人に対して、自分がよく笑っているかどうか、そして笑いにはどんな意味があるかを尋ねたのです。

その結果、統計を整理して簡単にまとめると、笑いには三つの効果があることがわかりました。

第一は相手の警戒心を解く、第二は相手に親密感を伝える、第三は相手のやる気を起こさせる。これらをまとめてみると、笑いは相手に何らかのいい影響を与えているのだということがわかります。相手に対する影響を、パフォーマンス学ではすべて自己表現の「対他効果」と呼びます。表現するのは自分でも、見ているのは他人だからです。


ところが、私のパフォーマンス学講座で、そんな話をしてスマイルトレーニングをすると、決まってこのような意見が出ます。「おもしろいこともないのに笑えません」とか、「無理矢理笑っていると顔が疲れてなんだかスマイル仮面になったような感じです」と言うのです。確かにそうでしょう。楽しくもないのに、総称「笑筋」と呼ばれている大頬骨《だいきょうこつ》筋や小頬骨《しょうきょうこつ》筋、口角挙筋《こうかくきょ》などを動かして笑顔をつくるのですから。

でも、それは人のためだけに笑顔をつくっていると思うから疲れるのです。笑顔は実は自分のためだと思ったら、きっとやる気満々になるでしょう。

そのことに私が最初に気が付いたのは、もう15年も前です。

たまたま雑誌の取材でニューヨークに行き、帰りの飛行機の中で雑誌の「ＴＩＭＥ」に次のようなニュースを見つけました。笑いを積極的に利用することでガンに対する抵抗細胞（natural killer cell）が活発に働き、ガンの進行が遅れるというのです。そこで、日本に着いたら、すぐに国立がん研究センターに行きました。

所長との面談が許され尋ねたところ「そんなことアメリカ人に書かれなくたって常識ですよ、佐藤さん」と事もなげに言われてしまい、ガクッと力が抜けました。よく笑う人の方がガンに対する免疫系の細胞が働いて治る力が強いことは、すでにガン治療としては常識だというのです。「あら、それでは無理してでも笑っていたほうがいいですね」ということになりました。

その後、今度は茂木健一郎《もぎけんいちろう》さんなど、多くの脳科学者たちの本で、笑うことによって本人の脳に快感物質が分泌され、作り笑いでもなんでもいいから笑うという動作が自分を楽しく活発にさせていくという報告が次々に出てきました。笑いの効果は人のためでなく、自分のためだったのです。

パフォーマンス学ではこれらを「対自効果」と呼びます。笑顔は人のためならず、結局は自分のためなのです。そうわかったら、スマイル仮面になって楽しくもないのに人のために笑ってやっている、などと意識をする必要はないではありませんか。

さらにもっと積極的に笑いに取り組んだ哲学者がいます。フランス人のアランです。彼はこう書きました。「人は幸福だから笑うのではない。笑うから幸福なのだ」。さらにその続きにこう言います。「雨の日こそいい顔をしていたまえ」。

雨の日は人生の辛いときです。それでもいい顔をして笑っている、それが人間としての特権であり、資質だというのです。

幸福だから笑うことならばサルだってできる。でも辛いときでも笑い飛ばしたり、笑いで紛《まぎ》らわせたりして、笑っている。そのことで自分が辛さを克服できる。しかも周りの素敵な人が寄ってくるのです。

人生の総仕上げは、顔ですら自分のためだけだと思わず、人のためと自分のためだというくらいの大きな気持ちで、自分の顔に責任をもっていきましょう。

７ 過去の解釈を変えるＮＬＰの知恵

「覆水《ふくすい》盆に返らず」ということわざがあります。英語でも、「There's no use crying over spilt milk. こぼれてしまったミルクのことを泣いても役に立たないというのです。確かに、こぼれてしまったミルクはもう二度とミルクカップに戻ってはくれないでしょう。

そんな理屈は百も承知でも、人間は終わったことにくよくよします。

54歳の私は終わったことを半年引きずりました。一つは母の無念の中での死です。これに関しては自分がなんの面倒も見られなかったことや、最期を見とれなかったことも加わって長く尾を引きました。

その頃入会していた「東京・生と死を考える会」の会長であり、私の上智大学大学院時代の恩師の一人でもあったアルフォンス・デーケン神父に「大切な人との別離から立ち直るには半年ぐらいのときはかかるのです。焦らなくてもいい。でも、必ず終わったことは次第に自分の中で整理されていくように試してみましょう」と言われました。

そうなのです。終わったことをわかりやすく整理して、そのことによって、自分の心がちゃんとした判断力を失っている状態から、より良い現在と未来のために、自分のエネルギーを向けていく練習が必要です。

そのことにＮＬＰの心理学者たちはずっと注目してきました。

ＮＬＰとは、「Neuro Linguistic Programming（神経言語プログラミング）」の略です。たとえばわかりやすい例として、最近私のセミナーの生徒さんで相談に来た40歳の女性、Ｅさんのお話をしましょう。子どもの頃に、ずっと母親の厳しいしつけのために自由な時間がなくて勉強ばかりさせられたとのこと。そのため「私はのびのびした性格になれなかった。あまり人生を楽しむことができないのは子ども時代のしつけのせいです」と言います。

色々話を聞くと、確かに厳しすぎたようです。外遊びで汚れて帰宅すると、庭の水道で手を洗わないと叱られて、一切おやつに手を出せなかったとか、来客への挨拶の仕方が悪かったら後で泣くまで練習させられたとか。大学選びにも恋人選びにも厳しい条件が付いたとのこと。

そこで私がよく使うのが、ＮＬＰの技法です。

「過去の出来事は変えられません。でもその出来事の意味に軽重をつけるのはあなた自身ですよ」と言います。今の自分が不運だとなげいていても運命は変わりません。でもその原因が過去の何かのせいだというならばその過去の解釈を変えたらいいのです。

「母親が厳しかったときからもう30年も経っている。今の自分の人生の主人公は自分だから、過去の意味はそんなに大きくない」。そう自分に言ってあげましょう。

できたらそのときに軽快な音楽をかけたらもっと効果的です。軽快なワルツを聞きながら重苦しい気持ちになるのはなかなか難しい。だから自分の解釈した言葉に加えて、さらに音楽までもがその過去の意味を軽くしてくれます。

こうやって自分の感覚を意識的に操作しながら過去の重苦しさから自分を自由にしてあげましょう。

私は2002年以降、自分自身にもこのNLPの技法を使っています。

今の私ならば、2001年に最初に教会に行って、「離婚した女性は悪い」というようなニュアンスの言葉を聞いたときとは、まったく違った解釈をするでしょう。「離婚したことは私にとって素晴らしい体験だったし、良い勉強だった。そのことがあったから、私は前よりもたくさんの女性たちの心に寄り添えている」と。

結局なにかといえば「私は運が悪いです」と言っている人は、単に「過去の意味の解釈の仕方を前向きに変えられていない」だけのことなのです。

新しい人生を始めるのも古い人生の中で「運が悪い」と言い続けるのも、自分の神経あるいは心の使い方次第です。

「過去と相手は変えられない。けれど、過去の解釈と自分の未来は変えられる」。

これはいつも私が、自分のパフォーマンス学のセミナーの中で言い続けている言葉です。

8 思考や心よりも身体が悩みの答えを知っている

だれでも「自分は頭で考えている」と思っているでしょう。でも、パフォーマンス学を徹底的に追究していくと、実は頭よりも身体のほうが正しく考えて答えを見つけていることに気付きます。

たとえば、好きな人が向こうから来たらすっと身体がそちらに向かって動いたり、嫌いな人が手を出したらこちらは無意識に手をひっこめたりするでしょう。またはその日は特別に、ウキウキとして歩く歩幅が大きいことに気がついたら、昨日上司にほめられた素敵な一言がその理由だとわかったりもするでしょう。

さらにおもしろいことに、人間は自分の動作や表情の意味を相手の反応で知ったりすることもできます。

あなたが何かの表情、身振りなどをします。すると、それを見た相手があなたに好意的に微笑み返したり、逆に不愉快な顔をします。これをフィードバックと呼びますが、そのフィードバックを見て、「ああ、私はきっと素敵な明るい笑顔をしていたんだ」とか「ひどい無愛想な顔をしていたに違いない」と気付いたりもします。人間の表情やしぐさには、パフォーマンス学で「ミラーリング」と呼ぶ能力があります。相手に関心があるときは、とっさに私たちは相手の動作やしぐさや、それどころか感情までをも反射するのです。

つまり、自分の頭で「今私はこの人を好きになっても大丈夫か」とか「この人を信頼しても大丈夫か」と考えてもなかなか答えが出ないときは、身体に訊《き》いたほうが正確なのです。

自分自身の身体がその相手といてリラックスしているならば、おそらくその人はあなたにとっていい人です。どうもその人を見ると、自分の顔の表情筋がこわばって笑顔がでないような相手は、あなたとは気が合わずご縁もない相手です。

身体を動かしたことで新しい自分の能力がわかってくることは、他にもいくらでもあるのです。よく優れたプロスキーヤーやテニスやラグビーの選手が、「自然に身体が動いていました」などとインタビューに答えることがあります。もちろん脳が指令を出したのでしょう。

でも、「自然に動いた」という言葉も本当だと思うのです。なぜなら、外界で起きていることにぴったりとくるように自然に身体が動くからです。これを心理学で「適応」といいます。瞬間的に、外界に適応できるように人間は身体を動かします。

T・ウィルソンなどのアメリカの心理学者が言っている「Adaptive Unconscious」とい

う「適応的無意識」です。心や思考が上手く動かないときでも、身体のほうが正しいことだってあります。

リラックスして、心を込めて深呼吸をできるだけゆっくり５回やってみてください。できたら吸気でお腹が膨らむ腹式呼吸のほうがいいでしょう。吸気の２倍の時間をかけてゆっくり吐き出します。そうすると、スーッと悩みが消えている自分に気付くでしょう。静かな呼吸の中で、自分の神経が自分の身体に集中し、頭脳のもっていた悩みを消していたのです。

これが私がよくやる瞑想《めいそう》のときの呼吸法です。悩む時間があったら、少しだけ悩んで、あまりその時間を引きずらないで意識的に呼吸法を繰り返すか、逆に、これも私の方法ですが、外に出て水泳やバレエなどの速い動きに集中しましょう。身体が気持ちを切り替えてくれます。

9 良いロールモデルをもつ

きっと多くの方々が、自分が辛くてへこたれそうになったときに、同じような状況にある身近な人の顔を思い浮かべたり、その人の通ってきた道筋を思い浮かべたりして「あの人はこんなふうにがんばったのだから、自分もきっとできるに違いない」と思って、自分を励ます材料にすることがあるでしょう。

このように誰かの姿を具体的にイメージして、その人のようにやってみようと思うことを、心理学で「モデリング」と呼びます。小さな子犬でもできる動作ですが、人間の場合はその人の社会的役柄（ロール）なども加えて自分が社会で生きていくときの「ロールモデル」として他の人たちを見ることで勉強していきます。

私にも何人かのロールモデルがいますが、ちょっとだけご紹介しましょう。あなたの何かのお役に立てば幸いです。

一人は心療内科の草分けの木下敏子《きのしたとしこ》先生です。聖路加国際病院の当時の院長だった日野原重明先生が「メディカル・パフォーマンス学会」（当時）と名付けた医師のための大きなシンポジウムを虎ノ門で開催されました。１９９０年、今から26年前です。私はシンポジストでした。事務局長が当時、立正佼成病院小児科部長だった敏子先生。

以来、彼女はずっと私のロールモデルです。70歳をとうに過ぎた今も、一緒に山に登ったりコンサートに行ったり、ときにはお互いが別々の研究会に出て素晴らしいと思ったことをディスカッションしたりします。２時間も議論するときもあります。私の学問展開、会社経営、社団法人パフォーマンス教育協会の運営、家族のこと、健康のこと、何でも相談します。頼りになる敏子先生です。

でも、彼女にも辛い時期がありました。都立病院副院長だったご主人が１９９４年、64歳で病死、敏子先生は56歳でした。ちょうどその１ヶ月後くらいにスーパーマーケットでバッタリ会った私は、敏子先生がげっそりとして、一回りも小さくなった気がしました。おそるおそる理由を尋ねていきさつを知りました。でも、ご主人の亡くなる直前に初孫が誕生して、何とか元気を取り戻したのです。

翌年が地下鉄サリン事件と阪神・淡路大震災で「天国でも医者がたりなかったのだろうね」と、今、敏子先生は言います。これが深い悲しみを乗り越えた敏子先生のゼロスタートと私は受け止めています。自分の意志と使命ゆえに、明るく楽天主義で生き抜いておられる。そういうモデルがいて幸せです。

もう一人は資生堂にこの人ありと、周囲にもよく知られた津田素子《つだもとこ》さん。私のセミナーにも来ていただいて以来「素子先生」「綾子先生」と呼び合っていますが、あっぱれ先輩です。九州の高校を卒業後、資生堂へ入社。国際パフォーマンス学会を立ち上げるために1991年に資生堂広報室を訪ねたら、当時の広報室長が紹介してくれたのが素子先生でした。資生堂コンシューマーズセンター所長で48歳。凛々《りり》しく、きれいな女性で、私はボーッと見ていました。その後、52歳でまだ「CS（顧客満足度）」という単語が世の中の走りの頃に、CS推進部長に就任。オリンピック招致で有名になった「おもてなし」は素子先生らCS班には当然で、あの単語はむしろ彼女たちのものだと今も私は思います。資生堂の系列会社であるディシラの社長就任が55歳。

その後、千葉県の堂本知事の参与などを経て今、ボランティア団体「桜東京パイロットクラブ」で障害を抱えた人たちを応援している70代です。

私が最悪に落ち込んでいるとき、素子先生に毎週のように電話して「私の人生はもう終わりだ」と言うと「ばかね、しっかりしなさい。あなたにはパフォーマンス心理学を通しての社会貢献という使命があるでしょう」ときっぱり叱られました。ご自身がゼロからたたき上げたからこその芯の強さは、今も私のモデルです。

ゼロに近い存在から「ジャパネットたかた」を髙田明《たかだあきら》社長が興《おこ》したのは世の中にも広く知られているでしょう。髙田さんがお父さんから受け継いだのは、小さなカメラ屋さんでした。長崎県の佐世保《させぼ》の本社に行くと、そのカメラ屋さんの模型が今も飾ってあります。ラジオでの通販からテレビへ、そして単にテレビで既製品を宣伝するだけではなく、自ら商品開発にまで意見を言い、だれが何を買うかのターゲットを絞って、若い人に宣伝するのか、中高年以上に宣伝するのか、常に猛烈に頭を使っておいでです。だから口癖が「伝える力がすべてですよ」なのです。

佐世保の本社に一泊で講演に招かれたとき、髙田さんは本社のほとんどの社員に、私の講演を聴かせました。そしてまだ、自分は伝える力の勉強中だからと言って常に一つの商品を説明するために猛烈な練習をします。初心を忘れない態度に、私はいつも学んでいます。

やはり先に触れた青春出版社の小澤和一《おざわかずいち》社長もそうでした。人から食べ物をもらって食べるほど貧しかった。会社どころか住む所もなく、新婚の小説家のアパートに転がり込んでいたというのですから壮絶です。そしてゼロから出版社を興しました。

その小澤社長の口癖が「大衆の言葉で書きなさい。偉そうな言葉で書いたら本は売れない」でした。たぶんその言葉を聞いたのは私だけでしょう。私が大学院を二つ出ていて、つい難しい言葉を使いたがる癖を戒《いまし》めたのだと思います。

だから、「SAY」という雑誌に7年間連載している間、私がいつも気を付けたのは、たとえば「博識である」と言わずに「たくさんのことを知っている」というように、いつもやさしい言葉に思いを置き換えることでした。小澤社長は、文章作りの良きロールモデルでした。

一つ年下のモデルは秩父のミミさん（宮﨑良江）です。小さな外資系会社のOLだった彼女の前に現れたのが、ベトナム戦争で疲れ果てて日本にたどり着いた、後の夫になるジェイムズ・バワーズ氏でした。彼女はジェイムズを大学院に行かせるため、銀座のクラブに転職し、チイママになり学費を稼《かせ》ぎました。そして彼はついに明治大学の教授になり、定年退職して名誉教授になりました。

その彼女は「50歳になったら田舎に引っ込む」と常々言っていました。そして秩父に250坪の土地を買い、大きな木の家を建て、さっさと移り住んだのです。ちなみにその家の建築設計士が、私のお城を設計してくださった村口昌之先生です。彼女は、私が泊まりに行くと「庭の野菜とハーブを使って料理を作ろう」と張り切ります。週末は東京から友人たちが集まって大忙し、これもロールモデルです。

人と生き方がまったく違っても、初志貫徹する。「あっぱれ」と言うしかないでしょう。

もっとずっと年下の友人にも、ロールモデルとなる人がいます。設立6年目にして年商2億円規模に成長した株式会社ミライロの社長・垣内俊哉《かきうちとしや》さん（27歳）です。

彼は小さい頃から「骨形成不全症」という骨が脆く折れやすい難病を抱え、車椅子の生活を送っていました。あるとき、当時「ワタミ」の社長だった渡邉美樹《わたなべみき》さんの紹介で垣内さんに会いました。「ワタミが初めて作る『みんなの夢AWARD』（2013年）に垣内さんが応募する。ついては他に応募する10人と一緒にスピーチの特訓をしてほしい」と。

「当日、武道館はだだっ広いから、舞台狭しと駆け回らなければダメよ」と私が言うと、「車椅子でですか?」と彼は聞き返しました。「そうよ、車椅子だってみなさんに明るい顔して、腕をいっぱい振り上げてにこやかに振る舞えば、それが大スクリーンに映るから迫力は十分だと思う。やってみましょう」

というわけで、当日、垣内さんは見事にプレゼンコンクールで優勝し、2000万円の小切手の権利を手にしたのですが、「私達に必要なのは現金ではなく、2000万円分の仕事」と、最優秀賞受賞者への賞金である2000万円の受け取りを辞退されました。

「バリアがあるのは辛いこと。障害があるのは辛いこと。だから『バリアフリー』というコンセプトで建物の中にスロープを作る」それが今までの私たちの考えでした。

彼は真っ逆さまを言ったのです。「バリアバリュー」、「障害には価値がある」。

「自分に彼と同じ病気があったら」と考えてみると、おそらく私は彼の100分の1も行動できないでしょう。情けないけれどそれは事実です。でも、時々あちこち怪我をしたり痛くなったりしたときに思い浮かべるのは垣内さんの顔です。ゼロベースに近い身体を100倍も動かしている。その点では、彼は私の良きロールモデルです。

⑩ 仕事も人生もスポーツです

とても若い20代は別として、少しでも人生の総仕上げを意識しているあなたに、私の結論をお伝えしましょう。私は「仕事も人生もスポーツだ」といつも思っています。

なぜってその心は、「より高く、より美しく、より遠く」なのです。何か仕事をしたり、話し合いをしたりするならば、より高い結論に届きたい。ちょっとでも何かをしたり考えたりするならば、美しくやってみたい。どこかに行くならば、より遠くに行って、知らない場面を見てみたい。読書やテレビや様々な旅行や思索も、全部これが言えるように思うのです。より高く、より美しく、より遠く。もちろん料理や研究の資料集めなどは、ここにさらに「より速く」が入ります。

生きることはどうみてもスポーツと一緒です。より高く、より美しく、より遠く、より速く。スポーツはもともと、何かの獲物（ハント）などの目的をもって行われた動きです。仕事も人生も友達作りも趣味も、スポーツだと思ったら気が楽です。より高く、より美しく、より遠く、より速く。

こんなことを思いながら、ときにはそのスピード調整をしたり、高くなくて低いところでうめいたり、ときには美しくなくて無様《ぶざま》になってしまったり、遠くなくて身の回りでグルグル回転していたりしてもいいではありませんか。ただ、頭の中で、「これは一つのスポーツなのだ」と声に出して言ってみましょう。

辛いときはスポーツだから、何とか練習したり、コーチの意見（先輩や友人の意見）を聞いて解決の工夫をしたらいい。

スポーツだから、今負けてもまた勝てばいい。

スポーツだから（オリンピックなどの競技スポーツでなくて自分のためのスポーツ）、やるならば楽しむほうがいい。

単独スポーツも楽しいけれど、ときには会社で上司や仲間と組んでプロジェクトをやるのも団体競技としてのスポーツだから、みんなと仲良く協力するのが賢明《けんめい》だ。

スポーツだから、近くに良きロールモデルがいると上達しやすい。

スポーツだから、自分のプレイを見ている観客のことも少しは配慮しないといけないだろう。失礼のないように。

スポーツだから、決まったルーティーンの仕事は、より速くできるほうが望ましい。自分はスポーツ選手だから、自分の身体の訓練には責任をもとう。必要以上に太ったり動きの鈍い身体にならないように日々自己訓練をしよう。

こんなふうに日々をスポーツと考えて、私は生きているのです。

私の父は、何度仕事で失敗しても、にこりと笑ってこう言ったものです。

「アハハ、これで命まで取られやしないさ」

もちろん激しいスポーツで命を失う場合もありますが、一般的には、スポーツでは命を失いません。とことんスポーツとして人生や仕事に取り組んで、もしも失敗しても、「命までは取られない」と開き直りましょう。そうすれば、いつだって決意も新たにゼロスタートが切れます。

自分の人生を閉じることは神様しかできません。でも、自分の人生を開くのは、いつだって自分です。

◆エピローグ
夢のカケラを探しましょう

社会人のための自己実現の研修セミナー「佐藤綾子のパフォーマンス学講座」を開設して、すでに22年になります。

参加者が自分の夢を見つけて、その夢の実現をしていくためのお手伝いが私の仕事です。その内容は、簡単に言えば、「自己発見↓自己強化↓自己表現」という3つのステップを確実に実行していくこと。パフォーマンス心理学の基礎知識と科学的な自己表現の技術を身につけていくことです。始めるとすぐにみんなの顔が輝き出します。

自分の良さが着実に見えてくることと、夢の実現のイメージが明確に見えてくるので自信がつくのでしょう。

一方、「夢?」、「ないです……」と、顔をくもらせる人もいます。

若くて輝かしい未来がある大学生も「夢ですかあ……ないっすねえ」などと言う人が、

毎年、少なからずいるのです。

「ないっす、って言ってる場合じゃないでしょう。アッというまに年とるわよ！」と、つい私の声が大きくなってしまう瞬間です。

それでも、気を取り直して、「なぜそう思うの？」と聞くと、返ってくる答えが、大人も学生も全く同じではありませんか。

大学生は「才能ないし、コネとかお金とかないし……」と言い、大人は「とにかく条件が整ってません。家族の協力もないし、自分の学びに投資する時間もお金もない」と言うのです。いずれも夢がもてない、あるいは実現できない理由に「条件」が整っていないことを挙げているのが共通点です。

でも、本当にそうでしょうか？


今「お金がないから勉強できない」、と言っていた人は、今度はお金ができると「親の介護があるから」と言います。そしてお金も時間もできたときは、自分が転勤になったり体力がなかったりすることが理由に挙がってきます。

結局、本文でもご紹介した精神科医のロロ・メイが言うように、

「20歳で、できないことの言い訳を数えている人は、50歳でもまた同じことを言っているであろう」

となるわけです。

「何かを始められない」自分をいかにも外部の環境の犠牲者のように言うのですが、それは結局、何も努力していないことのカモフラージュ、つまり心理学でいう自己防衛心の表れでしょう。そんな人に限って、何か努力して成功している人に対してはその人の成果が「幸運」の結果であると考えるものです。「幸運」はそれぞれの人が自分の努力で引き寄せたことに気付かないのです。

良い条件がなくてもいい。今目に見えている「顕在能力」が小さくてもいい。ゼロからでも夢のカケラを探しましょう。そしてその実現をあきらめないで、実現のための方法を真剣に考えて、一つでもいいから行動してみましょう。そういう習慣が大事だと私は思うのです。

自分の能力や技術を使って、何か社会に貢献してみませんか。貢献への思いが、私たちに誇りとファイトを与えてくれます。その感触が人間の幸福だと思うのです。

本書が、皆様が夢を実現するための、ささやかな心のよりどころ、行動の根拠になればとても光栄です。

２０１６年６月

佐《さ》藤《とう》　綾《あや》子《こ》

著者略歴

日本大学芸術学部教授、博士（パフォーマンス学・心理学）、国際パフォーマンス研究所代表。

一九六九年、信州大学教育学部卒業後、東京都江戸川区立中学校の英語教師となり、結婚。退職後に、出産、英語通訳国家試験合格。長女の小学校入学と同時に、三〇歳で上智大学大学院入学。在学中、ニューヨーク大学大学院パフォーマンス研究学科修士課程入学。一九八〇年、二年間の単位を一年で取得し、同大学院を卒業、帰国。一九九四年に「佐藤綾子のパフォーマンス学講座®」を開始、現在までの諸講座の受講者は一万一千人を超えており、日本のパフォーマンス学の第一人者として、社会人のパフォーマンス教育に情熱を注いでいる。

人生と自己表現関係の著作は一八〇冊以上。近著に『30日間で生まれ変わる！　アドラー流　心のダイエット』（集英社）、『図解　できる人・好かれる人になる「見た目」と「話し方」のコツ34』（ディスカヴァー・トゥエンティワン）などがある。

だれだって、いつもゼロスタート
――「ない」が「ある」になるパフォーマンス心理《しんり》学《がく》

二〇一六年七月九日　第一刷発行

著者　佐《さ》藤《とう》綾子《あやこ》
発行者　古屋信吾
発行所　株式会社さくら舎　http://www.sakurasha.com
東京都千代田区富士見一-二-一一　〒一〇二-〇〇七一
電話　営業　〇三-五二一一-六五三三　FAX　〇三-五二一一-六四八一
編集　〇三-五二一一-六四八〇　振替　〇〇一九〇-八-四〇二〇六〇
装丁　岡田玲子
イラスト　アマナイメージズ
印刷・製本　中央精版印刷株式会社

ISBN978-4-86581-058-5